Werkverzeichnis Erdmut Bramke
Band 3: Kunst am Bau 1974–2002

Erdmut Bramke, 1970er Jahre

# Werkverzeichnis Erdmut Bramke
# Band 3: Kunst am Bau 1974–2002

SUSANNE GRÖTZ

Herausgegeben von den Freunden der Staatsgalerie Stuttgart e.V.
in der Edition Axel Menges

**ISBN** 978-3-86905-032-4



**Lektorat:** Nora Krehl-von Mühlendahl
**Gestaltung:** Finken & Bumiller, Stuttgart
**Druck und Bindearbeiten:** DZS Grafik d.o.o., Ljubljana, Slowenien

# Inhaltsverzeichnis

# Vorbemerkung

Der vorliegende Band zur Kunst am Bau ergänzt die beiden gemeinsam mit Ulrike Gauß und Carolin Jörg bearbeiteten Bände mit den Verzeichnissen der Gemälde und der Arbeiten auf Papier von Erdmut Bramke. Damit wird das Werk der Künstlerin in seiner Gesamtheit der Öffentlichkeit zugänglich. Der dritte Band des Werkverzeichnisses widmet sich der ortsfesten Kunst am Bau und den auf den Ort bezogenen temporären Werken im öffentlichen Raum. Bewegliche Kunst im öffentlichen Raum, die die Künstlerin nicht speziell für den betreffenden Ort geschaffen oder ausgesucht hat, wurde hingegen nicht aufgenommen.

Der Katalog stellt die Wettbewerbsbeiträge der Künstlerin von 1974 bis 2002 in chronologischer Reihenfolge vor, kann aber keinen Anspruch auf Vollständigkeit erheben. Die Rekonstruktion von über 20 realisierten und unausgeführten Projekten basiert auf Informationen der beteiligten Auslober sowie auf nicht veröffentlichtem Material und persönlichen Notizen aus dem Nachlass der Künstlerin, der in ihrem ehemaligen Atelier in Stuttgart aufbewahrt wird. Eine Auswahl dieser Entwurfsarbeiten aus dem Nachlass wurde von Reinhard Truckenmüller photographiert, andere sind im Original nicht mehr erhalten und einzig durch zu Dokumentationszwecken entstandene Abbildungen bekannt. Zu den ausgeführten Arbeiten der Kunst am Bau wird auf die von der Künstlerin selbst zu Lebzeiten in Auftrag gegebenen Photographien zurückgegriffen – hier sei besonders auf die von Nico Heinrich, Uwe Seyl und Valentin Wormbs hingewiesen.

Alle Wettbewerbe, an denen Erdmut Bramke teilgenommen hat, sind vom Landesbetrieb Vermögen und Bau Baden-Württemberg und Hochbauämtern von Städten im Südwesten ausgelobt worden. In der Projektliste sind die Ämter mit ihren aktuellen, durch das Gesetz zur Reform der staatlichen Vermögens- und Hochbauverwaltung Baden-Württemberg vom 14. Dezember 2004 geänderten Bezeichnungen benannt. Nach der Einrichtung des Landesbetriebs Vermögen und Bau Baden-Württemberg im Geschäftsbereich des Finanzministeriums führen die nachgeordneten Betriebsteile den Namenszusatz Amt.

Im Anhang findet sich eine Literaturliste, die sich auf wenige Publikationen allgemeiner Art zum Thema Kunst am Bau und zu den einzelnen Projekten von Erdmut Bramke beschränkt.

Die Bearbeitung und Veröffentlichung des dritten Bandes wurde dank zweier Freunde von Erdmut Bramke ermöglicht. Dieter Buck, dem die Erfüllung des Vermächtnisses der Künstlerin ein großes Anliegen ist, brachte den Stein durch eine großzügige Spende ins Rollen. Ihm, wie dem Verleger Axel Menges, der sich spontan mit einer weiteren Spende anschloss, sei an dieser Stelle ganz besonders gedankt. Die Freunde der Staatsgalerie, die das Erbe Erdmut Bramkes verwalten, haben als Herausgeber das Zustandekommen dieses abschließenden Bandes tatkräftig unterstützt. Ihnen sei ebenfalls herzlich gedankt. An dieser Stelle sei auch den verschiedenen Ämtern von Vermögen und Bau Baden-Württemberg und den städtischen Hochbauämtern, die Informationen und Abbildungen beisteuerten, gedankt. Schließlich möchte ich auch meinen Freundinnen Gabriele Ott-Osterwold und Monika Neumann sowie meinem Mann Klaus Jan Philipp, die das Entstehen dieses Werkverzeichnisses mit Kompetenz und großem Interesse begleiteten und dadurch wesentlich zum Gelingen des Buches beigetragen haben, ein großes Dankeschön aussprechen.

Stuttgart im März 2023
Susanne Grötz

# Einleitung

„Kunst am Bau ist integrales Element der Baukultur in Deutschland und Teil der Bauherrenaufgabe des Bundes. Sie kann entscheidend zu Qualität und Aussage von Bauwerken beitragen, denn sie ist wie die Architektur eine öffentliche Kunst. Sie ist allgemein zugänglich und dauerhaft präsent, sie ist Ausdruck des kulturellen Selbstverständnisses und Spiegel der Schöpfungsgabe eines Landes und damit nationale Visitenkarte. Die Stärkung von Kunst am Bau ist dem Bund daher ein wichtiges Anliegen. [...] Die Kosten für Kunst am Bau werden aus dem Bautitel bestritten und betragen bei großen Baumaßnahmen 0,5 Prozent, bei kleineren bis zu 1,5 Prozent der Bauwerkskosten." (Bundesamt für Bauwesen und Raumordnung, 2022.)

## Kunst am Bau – Kunst im öffentlichen Raum

Kunst am Bau ist ein mit negativen Konnotationen belasteter Begriff: Dafür sind Diskussionen um alternative Benennungen der Kunst am Bau, Kunst mit, am oder vor dem Bau, Kunst im öffentlichen Raum und Baukunst bezeichnend. In der 100jährigen Geschichte der Kunst am Bau wird nicht nur um die Bezeichnung gerungen, die selbstverständlich Ausdruck der hitzig geführten Debatten über die Praktiken der Kunst am Bau ist, sondern vor allem über Sinn und Unsinn derselben gestritten. In einem von Erdmut Bramke säuberlich ausgeschnittenen Artikel „Ohne Kunst am Bau" der *FAZ* vom 20.12.1993 geht Michael Mönninger so weit, „Kunst am Bau als zum Gruselwort verkommen" zu bezeichnen.

Einschätzungen zur Kunst am Bau reichen von der abfälligen Einordnung als rein ästhetisierende Applikation mit unverbindlicher Aussage im öffentlichen Raum (Herlin 1976, S. 9) bis hin zur Wertschätzung als sinnstiftende Kommentare und Ausdruck künstlerischer Autonomie.

Erste Regelungen zur Kunst am Bau wurden in den Anfangsjahren der Weimarer Republik fixiert und erlangten einige Jahre darauf Rechtskraft. Staatliche Stellen traten somit in die Nachfolge kirchlicher und fürstlicher Auftraggeber, die als Mäzene über die Jahrhunderte Kunst und Kunsthandwerk am Bau förderten – aber über ihre Auftragsvergabe in der Regel keine Rechenschaft ablegen mussten. Von diesen Anfängen des frühen 20. Jahrhunderts an waren mit den Kunst-am-Bau-Verordnungen sozialpolitische Intentionen verbunden. In der Folge haftete diesen Programmen der Makel der sozialen Dienstleistung und Fördermaßnahme des Staates gegenüber Künstlerinnen und Künstlern an, was die vielfach zu beobachtende Ablehnung der Kunst am Bau erklärt. Sicherlich war die Versorgung der Kunstschaffenden mit ein Grund, dass in den ersten Nachkriegsjahren die Kunst am Bau gleichermaßen in West und Ost eine Wiederauflage erfuhr. Alte Erlasse wurden fortgeführt, eine inhaltliche Neupositionierung der künstlerischen und gesellschaftlichen Funktion von Kunst am Bau wurde aber auf später verschoben. So wurde die Chance eines reflektierten Neuanfangs vertan. In der letzten Zeit zeichnet sich jedoch ein Wandel ab. Für Claudia Roth, seit 2021 Kulturstaatsministerin, ist Kunst am Bau keine Subvention, sondern eine Investition. In diesem Sinne soll Kunst am Bau auch nicht mehr als Sahnehäubchen oder nachträglich angebrachtes Feigenblatt konsumiert werden, sondern der Betrachter wird aufgefordert, sich einzulassen. Deutlich wird die zunehmende Wertschätzung durch zahlreiche Diskussionsveranstaltungen und besonders durch die Wanderausstellung und die Publikation *70 Jahre Kunst am Bau in Deutschland* des Bundesministeriums des Inneren. In der großen Retrospektive wird von einem Besitz allein des Bundes von 10 000 baugebundenen Kunstwerken gesprochen. Aus dem Ergebnisbericht des Rechnungshofs geht hervor, dass der Landesbetrieb Vermögen und Bau Baden-Württemberg 3 500 Kunstwerke betreut, die für Gebäude des Landes seit den 1950er Jahren beschafft wurden. Allerdings gelten etwa 500 davon als verschollen. Ausbleibende Inventur und mangelnde Pflege wurden 2015 von der gleichen Behörde beanstandet. In einem Call for Papers des Landesamts für Denkmalpflege Baden-Württemberg werden die Zuständigkeitsfragen thematisiert: „Gehört nicht auch ‚Kunst im öffentlichen Raum' zu dem baubezogenen, unbeweglichen Kulturgut, für dessen Schutz die Denkmalpflege verantwortlich zeichnet? Entzieht sich ‚Kunst' womöglich den rechtlichen Kategorien, auf denen die Denkmalpflege ihr Handeln gründet?" (Merten 2022.)

Bereits in den frühen 1950er Jahren wird die fehlende Interaktion zwischen Architekten und Kunstschaffenden bemängelt. Für die vielfältigen Bestrebungen, dagegen anzugehen, steht der Theaterneubau von Gelsenkirchen. Berühmtheit erlangte der Architekt Werner Ruhnau für diesen Theaterbau, den er zusammen mit Yves Klein und anderen Künstlern realisierte. Gleich zu Beginn der Konzeption des Neubaus, 1953, setzte sich Ruhnau für die konzeptuelle Beteiligung verschiedener Künstler am Bau ein. Sein Anliegen war es, Maler und Bildhauer am Entstehungsprozess zu beteiligen, Baukunst statt Kunst am Bau zu schaffen. Werner Ruhnau erklärte dies wie folgt: „Beim Bauen in der Gegenwart fehlen zumeist die fließenden Übergänge zwischen gestalterischen und technischen Gewerken. Arbeiten bildender Künstler erscheinen meist dekorativ davorgesetzt, nur wie Kunst ‚am' Bau. ‚Baukunst' hingegen entsteht dann, wenn sowohl die Ingenieure wie auch die bildenden [...] Künstler sich gegenseitig über das gemeinsam zu schaffende Werk verständigen, abstimmen und nicht nur isoliert eigene Ziele im Auge haben. Daher sollten dem Planungs- und Bauleitungsteam stets alle am Bau Beteiligten angehören [...] Die Aufgabe des Architekten ist es, diese Integration zu bewirken." (Ruhnau 1992.) Das seit 1999 bestehende Architektenkollektiv „raumlaborberlin" könnte, wenn auch unter anderen Vorzeichen arbeitend, als Erbe dieser Idee angesehen werden. Für die neu erschlossenen Denk- und Aktionsfelder für die Kunst im öffentlichen Raum wurde es schon vielfach geehrt, zuletzt 2022 mit dem Rolandpreis für Kunst im öffentlichen Raum. Mit verschiedenen Interventionen versucht raumlaborberlin, die Schnittstelle zwischen Kunst und Architektur zu thematisieren.

Bis in die 1960er Jahre sind Experimente und politische Aussagen eher selten, die 1970er und 1980er Jahre sind die Boomjahre der Kunst am Bau, und sie emanzipiert sich mit selbstbewussten Statements. Die großen, in den öffentlichen Raum wirkenden Skulpturen dieser Jahre werden nicht selten als unliebsame Monumente empfunden. Häufig verwittern, verbleichen, verrosten und verfallen die Großskulpturen im öffentlichen Raum. Beschädigungen durch Vandalismus, Schmierereien oder Müllablagerungen finden sich nicht selten, so zum Beispiel zu beobachten an der Skulptur *Lobotchevsky* von Mark di Suvero vor dem Treffpunkt Rotebühlplatz in Stuttgart.

In den 1990er Jahren, nach der Wende, verändern sich die Maßnahmen zur Bestellung von Kunst am Bau durch zunehmende Vergabe von öffentlichen Bauaufträgen nach dem Prinzip der Public-Private Partnership (PPP). Diese vertraglich geregelte Zusammenarbeit zwischen öffentlicher Hand und Unternehmen der Privatwirtschaft unterläuft die bis dahin gültigen Bestimmungen zur Kunst am Bau. Da die öffentliche Hand nicht mehr als Bauherrin fungiert, sondern lediglich als Mieterin auftritt, wird kein verpflichtendes Budget für die Kunst am Bau eingeplant, da die privaten Unternehmen mit Profitabsicht agieren. Daher wird ein Kunstkonzept nicht mitgedacht und gelegentlich erst nachträglich im Auftrag der Kommunen hinzugefügt.

Als Beispielbauten, zu denen Erdmut Bramke nachträglich hinzugezogen wurde, können die Berufsakademie in Villingen-Schwenningen von 1996 oder das Mineralbad Cannstatt von 1994 dienen. Das Privatunternehmen Wolff & Müller finanzierte und baute das Bad. Erdmut Bramke wurde erst spät, auf Wunsch des Architekten Wilfried Beck-Erlang, zur Gestaltung des Bades hinzugezogen. Dieser plante von Beginn an einen reichen Bauschmuck, konnte seine Ideen aber nicht durchsetzen. Das führte zu der von Beck-Erlang bemängelten Situation, die in der *Stuttgarter Zeitung* vom 10.08.1992 zitiert wird: „Nicht ‚Kunst am Bau', nicht wenn das Bad fertig ist, sollte hier und da ein bißchen Kunst aufgehängt werden, sondern Kunst mit Bau sollte das Konzept für das neue Kurbad sein", so Beck-Erlang. Glücklicherweise sind dies Einzelbeispiele, dagegen stehen etwa gleichzeitig ein großer Auftrag für das Regierungspräsidium Stuttgart und Bramkes Einsatz als Mitglied in der Kunstkommission und in Wettbewerbsjurys. Sie kannte die Arbeit auf beiden Seiten der Kommission und so auch das mühsame, von Bürokratie erschwerte Geschäft der Realisierung von Kunst am Bau.

## „Healing Art" – Kunst am Bau im Krankenhaus

Bewegliche Kunst im öffentlichen Raum, die die Künstlerin nicht speziell für den betreffenden Ort geschaffen oder ausgesucht hat, wurde nicht in diesen Band aufgenommen. Diese Werke sind in den Werkverzeichnissen Erdmut Bramkes von 2016 mit Standort abgebildet. Zahlreich sind die Ankäufe der nicht baugebundenen Werke von Universitätsinstituten, wie beispielsweise dem Botanischen Institut der Universität Tübingen (*WZ* 2, S. 332 ff.) und vornehmlich der Kliniken im südwestdeutschen Raum. Hier sind als erstes das Bundeswehrkrankenhaus in Ulm, das bereits 1981 einen Ankauf tätigte, das Klinikum Schnarrenberg der Universität Tübingen, das 1989 fünf Pariser Sommerblätter und das Gemälde *Sommerbild 13* (*WZ 1*, S. 240) ankaufte, und die Klinik für Innere Medizin des Klinikums Ulm, die 1988 drei Tageblätter erwarb, zu nennen. Es gab auch gescheiterte Ankaufsversuche wie die Ausgestaltung des Funktionsneubaus des Stuttgarter Katharinenhospitals. Dort waren im Bereich F3.101/102 im 3. Obergeschoss Arbeiten aus den Beständen Erdmut Bramkes vorgesehen. Dazu fanden auch diverse Atelierbesuche statt. Die von einer Kommission ausgewählten Werke, ihre und die von zehn weiteren beteiligten Künstlerinnen und Künstlern, wurden dann aber wegen finanzieller Engpässe doch nicht angekauft (laut Schreiben des Hochbauamts der Landeshauptstadt Stuttgart vom September 1992).

Eine Sonderstellung im Umgang mit Kunst in der Gesundheitsarchitektur nimmt das Stuttgarter Robert-Bosch-Krankenhaus ein. Dieses Krankenhaus unterstützt die Heilung der Patienten mit einem ganzheitlichen Ansatz und setzt positive Sinneseindrücke für das Wohlbefinden der Patienten und Patientinnen ein. Experimente mit bemalten Decken unterstützen die Prävention von Delir gefährdeten Patienten: „... ‚Kunst im Krankenhaus' mit dem Ziel ins Leben gerufen, mit anspruchsvoller zeitgenössischer Kunst das therapeutische Milieu im Krankenhaus zu unterstützen. Der Patient soll nicht nur aus medizinischer und pflegerischer Sicht optimal versorgt werden, sondern auch geistige und sinnliche Anregungen erhalten, die seinem Gesundungsprozess förderlich sind." In der Broschüre *14 x Kunst am Bau* von 2007 schreibt Isabel Grüner, die Kunstbeauftragte des Robert-Bosch-Krankenhauses, weiter über die große Kunst-am-Bau-Aktion, die durch die Modernisierung und Erweiterung des Akuthauses möglich wurde. In diesem Zusammenhang wurde bereits in der Planungsphase das Kunstkonzept mit bedacht. Grüners Konzept sah vor, dass den einzelnen Stationen durch die Handschrift eines Künstlers oder einer Künstlerin „ein individuelles und wiedererkennbares Erscheinungsbild" gegeben werden sollte. Elf der ausgewählten vierzehn Künstler und Künstlerinnen hatten die Möglichkeit, sich intensiv mit dem Krankenhauskontext auseinanderzusetzen. Da Bramkes Werke posthum erworben wurden, entfiel diese Option bei ihr.

Die „Healing Art" geht von den Wechselwirkungen zwischen Medizin, Architektur und Kunst aus. Kern-

Flur im 5. Oberschoss des Flügels B im Robert-Bosch-Krankenhaus, Stuttgart, mit Gemälden von Erdmut Bramke

these dieser seit den 1970er Jahren vorwiegend im angelsächsischen und skandinavischen Sprachraum wachsenden Bewegung ist, dass das erlebte Krankenhausumfeld wesentlich zum psychischen und physischen Wohlbefinden und damit zur Genesung der Patienten beiträgt. (Schrader 2020.)

Im Unterschied zu den in der Regel mit Kunstexperten, Kunstschaffenden und Verwaltungspersonal besetzten Fachjurys war die Kunstkommission des Robert-Bosch-Krankenhauses auch mit Mitgliedern therapeutischer Berufsgruppen besetzt. Diese entschied sich zwei Jahre nach dem Tod der Künstlerin, für den Ankauf von fünf großen Bildern Bramkes aus der *Lufra*-Serie (*WZ 1*, S. 372–377) und für neun kleinere Leinwandbilder mit dem Titel *Sporaden* (*WZ 1*, S. 398–405). Die ausgewählten Gemälde stammen aus der letzten Schaffensphase der Künstlerin und sind von einer intensiven Farbigkeit geprägt.

Isabel Grüner beschreibt die Wirkung der Werke Bramkes im Stationszusammenhang unter dem Titel: „Farbenergie tanken. Die kräftigen bis leuchtenden, sensibel aufeinander abgestimmten Farben und die sinnlich erfahrbare Stofflichkeit der Bilder von Erdmut Bramke verleihen der Station eine warme, wohltuende Atmosphäre. Man spürt bei jedem Bild die Intensität, mit der sich die Künstlerin mit der Farbe und ihren raumbildenden Qualitäten auseinandergesetzt hat. Patienten, Besucher und Mitarbeiter können mit ihren Sinnen und Gedanken in die Bilder eintauchen, deren Formen- und differenzierten Farbreichtum entdecken und dabei neue Energien auftanken oder sich von ihren vibrierenden Oberflächen aktivieren und inspirieren lassen."

Erdmut Bramke äußerte sich bereits 1987 im Erläuterungsbericht zur Gestaltung des Chirurgisch-Radiologischen Zentrums der Universität Tübingen in ähnlicher Weise und beschreibt ihr Ziel folgendermaßen: „Ich möchte Licht in die Räume bringen, in denen sich die auf die Strahlentherapie wartenden Patienten aufhalten." Bramkes Absicht war es, ihre Kunst auf die Bedürfnisse der Patientinnen abzustimmen, düsteren Stimmungen mit künstlerischen Interventionen zu begegnen, die Assoziationen von Wärme, Wohlbehagen und Licht zu ermöglichen.

## Das „System Bramke"

Die in diesem Band vorgestellten Skizzen und Entwürfe wie auch die ausgeführten Werke geben einen Einblick in die Arbeitsweise Erdmut Bramkes und lassen einen detaillierten Blick auf den Entstehungsprozess der Werke zu. Sie zeigen eine unglaubliche Experimentierfreude und Variabilität des Materialeinsatzes, der von lackierten Blechen, Bohrungen in Holz und Stein über Fliesen, Stoffe, Folien, Leinwand, Graffiti und Glas bis hin zu Pflastersteinen reicht. Gegenstand der künstlerischen Arbeit Bramkes ist die Farbe selbst. Gemäß ihrem Leitspruch „Die Farbe hat mich", den sie bei Paul Klee entlehnt hat, sucht sie, intensive Farberlebnisse, aber auch stille, kontemplative Momente beim Betrachter hervorzurufen.

Charakteristisch für Bramkes Interventionen ist ihr sensibel auf die Gegebenheiten eingehendes Vorgehen, das sich nicht als Zutat versteht, sondern darauf aus ist, mit diesen zu deren beider Vorteil eine Synthese einzugehen. In einem Kommentar zum Manuskript von Felix Reuße, der einen sehr einfühlsamen Text über die Arbeit von Erdmut Bramke für die Broschüre zum Tag der Offenen Tür und der Präsentation der Kunst im Regierungspräsidium Stuttgart schreibt, beanstandet sie die folgende Stelle: „Dem Zyklus [im Regierungspräsidium] kommt insofern eine besondere Stellung zu, als die Bilder eine in Bramkes Werk bislang nicht bekannte Verbindung zur Architektur eingehen." Dazu bemerkt sie in einer handschriftlichen Notiz vom 8. März 1997: „es gibt auch andere [Beispiele]." Ganz klar positioniert sie sich zur Verbindung von Architektur und ihrer Kunst, die ihr bereits seit ihrem ersten Kunst-am-Bau-Auftrag ein wesentliches Anliegen war.

Ob Erdmut Bramke sich Gedanken zur Gestaltung von sterilen weißen Krankenhausfluren, Behördenräumen oder Strafvollzugsanstalten macht, immer ist die Berücksichtigung der Perspektive der Nutzerinnen und Nutzer maßgeblich. Nach dem Ortstermin in der Justizvollzugsanstalt Stuttgart-Stammheim notiert Bramke stichwortartig: „Über Schwelle hinweghelfen / freundliche Gestaltung für beide Seiten befreiend / wirkt Kompensation des Mangels, der nicht behebbar ist." Allerdings ist nichts von einem Entwurf Bramkes zu diesem Wettbewerb von 1996 bekannt. An anderer Stelle formuliert sie in einen Brief an das Staatliche Hochbauamt Ludwigsburg vom 9. Juni 1984, im Zusammenhang mit der Montage ihres Werkes im Polizeirevier Kornwestheim: „Ich wünsche mir, daß die Nutzer des Hauses sich ein wenig mit meinem Bild anfreunden ..."

Erdmut Bramke steht für eine Kunst, die nicht blenden und nicht dekorieren will, sondern Präzision mit Poesie verbindet. Schon mit der frühen, ausgreifenden Arbeit für die Universität Konstanz manifestiert sich das „System Bramke". Immer ist eine variable Ordnung das gestaltstiftende Element. In einem Selbstzeugnis aus jener Zeit untersucht Bramke ausgesprochen streng, logisch und systematisch die Ordnung ihrer Bilder mit folgenden Sprachfetzen: „Ordnungsgefüge – Ordnungssysteme – Anordnungen – Anordnung gleicher Elemente – Geringe Veränderungen – Immer nach den gleichen Regeln ablaufend – Gesetzmäßigkeiten – Nuancen, kleine Abweichungen, Varianten – Strukturierte Oberfläche, keine Komposition – Arbeitsprozess, Entstehungsprozess – Material: Leinwand, Pinsel, flüssige Farbe. Varianten – Strukturierte Oberfläche ... Lautet ihre selbst formulierte These." (Dienst 1977, S. 30.) Das formgebende Element ist ein variables Ordnungsgefüge. Die Anordnung gleicher Elemente mit geringen Veränderungen und Nuancen, die aber nach den gleichen Gesetzmäßigkeiten in Reihen ablaufen, verdichtet sich zur Struktur und wird zum vibrierenden Lineament. Hier wird das „System Bramke" manifest. Auch 50 Jahre nach Fertigstellung ihrer Arbeit für die Universität Konstanz wird diese als ein gelungenes Beispiel dafür genannt, wie Kunst am Bau integrative und funktionale Qualitäten haben kann, ohne ihren künstlerischen Wert zu verlieren. Vielfach wurde der zurückhaltende, sehr feine und nuancenreiche Ausdruck der Interventionen der Künstlerin im öffentlichen Raum betont.

Besonders deutlich wird das in den frühen 1990er Jahren bei ihrer Arbeit für den Stuttgarter Rotebühlbau. Sie versagt sich jede Monumentalität, stattdessen geht sie einen entscheidenden Schritt weiter, indem sie ihre Arbeit mit der architektonischen Hülle verschmilzt. Die für Kornwestheim in beschichtetem Holz ausgeführten Bohrungen werden hier zu tausenden farbig ausgemalten Öffnungen, die in die poröse Wand gebohrt wurden und so in die Oberfläche der Architektur eindringen. Tatsächlich erzeugt sie damit eine untrennbare Verbindung von Architektur und Kunst, die hier eine exemplarische Synthese eingehen. Katharina Hinsberg verfasste als junge Künstlerin einen poetischen Text zu Bramkes *Tauchblättern* und greift, möglicherweise nicht unbeeindruckt von Erdmut Bramke, das Motiv der Bohrung mit ihrer Arbeit *Diskrete Stetigkeit* von 2011 für das Bundesministerium für Ernährung, Landwirtschaft und Verbraucherschutz, Berlin, auf. Im Unterschied zu Bramkes sich auf Abstand formierenden Zeichen in den großen Wandarbeiten im Rotebühlbau, in denen sie Punkte sich zu einem Kreuz oder zu einer Ballung zusammenziehen lässt, erlauben die schmalen Flure Katharina Hinsberg in Berlin keine Wahrnehmung mit Abstand, sondern die Betrachtenden streifen oder besser folgen den gebohrten Linien. (BMVBS 05/2013.)

In den großen Bildfeldern für die Universitätsbibliothek Tübingen beschäftigt sich Bramke nochmals mit dem Thema Wand. Hier geht es ihr um das Spiel mit der Raumwirkung der Farbe und den Effekt des

Simultankontrasts. Das Betongrau der Wand erscheint als Hintergrund und gleichzeitig auch als Bildelement. Die kleinen, frei verteilten Fenster in den monochromen Farbfeldern variieren den Grauton durch die simultane Beeinflussung der Farben. Sie nehmen eine komplementäre Tönung an, erscheinen heller oder dunkler. Die raumbegrenzende Wand wird in Schichten zerlegt, es entstehen imaginierte Räume, die aus der Wand heraustreten und wieder zurückweichen und damit eine pulsierende Bewegung erzeugen. Hier perforiert Bramke nicht die Wand an sich, sondern die aufgebrachte Farbschicht und erreicht damit einen verstörenden Effekt.

In der Gesamtschau der Werke Bramkes zeigen sich enge Verbindungen und Parallelen in den Arbeiten zur Kunst am Bau und den freien Werken auf Papier und Leinwand. Dabei haben einige der Herausforderungen der ortsfesten Kunst ihre Arbeit im Atelier befruchtet, so wie auch umgekehrt Problemstellungen der Arbeiten auf Papier und Leinwand Eingang in ihre Werke für die Kunst am Bau gefunden haben.

# Kunstaktion
# Künstler machen Fahnen für Rottweil, 1974

**Diese Kunstaktion, veranstaltet vom Forum Kunst Rottweil zum ersten Rottweiler Stadtfest 1974, sollte viele Nachahmer finden. 182 Künstlerinnen und Künstler aus dem In- und Ausland gestalteten eine Fahne. Heute liest sich das Verzeichnis der teilnehmenden Künstler und Künstlerinnen wie das „Who is who" der abstrakten Malerei.**

Im aufwändig gestalteten Katalog mit schwarzweißen Abbildungen ist Bramkes Skizze abgedruckt. In Anlehnung an ihr malerisches Werk der 1970er Jahre entwirft sie eine Fahne mit zwölf vertikalen Streifen. Ihren Angaben folgend, bemalt sie den weißen Fahnenstoff auf beiden Seiten mit grauer und weißer Acrylfarbe.

**TK 1974.1**
Katalog *Künstler machen Fahnen für Rottweil*

# Vibrierendes Lineament
# Fakultät für Sozialwissenschaften der Universität Konstanz, realisiert 1974–76

**Fakultät für Sozialwissenschaften der Universität Konstanz, Universitätsstraße 10, 78464 Konstanz**

**Der 1974 vom Landesbetrieb Vermögen und Bau Baden-Württemberg, Amt Konstanz, ausgelobte Wettbewerb zur Wandgestaltung in den Flurbereichen über sechs Ebenen wird 1976 von Erdmut Bramke unter Mitarbeit von Christoph Freimann ausgeführt. Im Stuttgarter Atelier der Künstler entstehen 500 bemalte, 8 cm breite und knapp 350 cm hohe Blechabdeckleisten nach akribisch vorbereiteten Entwürfen der Künstlerin.**

Den ersten großen Auftrag zur Kunst am Bau erhält Erdmut Bramke ganz zu Beginn ihrer Karriere. Nachdem sie erste Einzelausstellungen bestritten hat und bei der galerie d + c mueller-roth ins Programm aufgenommen wurde, kann sie selbstbewusst ein so umfassendes Projekt angehen. Nach einem längeren Aufenthalt in Paris im Winter 1973/74 macht sie sich voller Elan an diese große Aufgabe.

Ihre Entwurfsidee formuliert Bramke wie folgt: „Wichtiges Element des Innenbereichs, das auch nach außen dringt, ist die Markierung der Ränder, Kanten, Ecken, Abschlüsse durch Farbstreifen. So werden Begrenzungen gezeigt, Ecken zum Herumgehen, Räumlichkeit sichtbar gemacht, optische Markierungen geschaffen, Räume gegliedert. Ein Prinzip, das variabel, fortsetzbar und auf andere Situationen übertragbar ist. Realisiert wird ein ‚vibrierendes Lineament' im Bereich der Sozialwissenschaften, Farbträger meiner Bemalung sind die Abdeckleisten der Trennwände, deren Höhe 343 cm, Breite 8 cm und deren Abstand voneinander 120 cm beträgt. Die Bemalung erstreckt sich über sechs Ebenen und taucht in den einzelnen Stockwerken in zusammenhängenden Gruppen auf." Hier formuliert Bramke ihren Anspruch, dass Kunst Architektur sichtbar und erlebbar werden lässt. Sie setzt dies um, indem sie eine feste Verbindung zwischen Kunst und Architektur schafft und die Kunst zum unverzichtbaren Teil der Architektur machen kann.

In einem ersten Schritt geht die Künstlerin an die Auswahl und Festlegung der Farben aus zahlreichen Farbfächern und bestimmt Farbton, RAL-Nummer und Herstellerfirma. Sie streicht immer wieder Farben heraus und entscheidet sich um, bis für jede der sechs Ebenen eine definitive Entscheidung getroffen ist. Jede Ebene erhält ihren eigenen spezifischen Farbcharakter. Für die Ebene 7 bewegt sie sich im Spektrum von Grau und Braun mit einem schmalen blauen Streifen auf Braun; für Ebene 6 wählt sie Berggrün, Graugrün, Wiesengrün sowie Reseda und appliziert auf Wiesengrün orangefarbene Streifen; für die Ebene 5 bleibt sie in der blauen Farbfamilie: Ultramarinblau, Hellblau, Lichtblau und setzt auch hier einen vertikalen roten Farbakzent auf Hellblau, danach folgen Farben von Violett bis Rosa mit lichtblauem Streifen; in Ebene 3 folgen Kadmiumgelb, Chromgelb, Orange, Gelborange mit einem schmalen feuerroten Streifen, und in Ebene 2 kommen Rot, Orange und Violett zum Einsatz. Endlose Listen legen fest, wie viele Leisten in welcher Farbe einfarbig oder mit graphischen Elementen gestrichen werden. Aus diesen Farbstudien entstehen 20 mit größter Akribie collagierte Entwürfe. Auf den einzelnen, ausgiebig beschrifteten Modellbögen sind schmale farbige, durchnummerierte Papierstreifen vertikal aufgebracht. Auf einer der Collagen für die Ebene 6 (1974–76.8) klebt Bramke 24 berggrüne Streifen auf, über die sie sich kreuzende Linien in Orange und Violett legt. Durch dieses graphische Muster ergeben sich für jeden grünen Streifen, respektive jede Leiste, andersfarbige, schräg verlaufende Unterbrechungen. Neben dieses graphisch starke Bild setzt sie auf das gleiche Blatt weitere vier Streifen in Lindgrün, die äußeren mit orangefarbenen, die inneren mit gelben vertikalen Streifen überklebt, sodass nur schmale Ränder des hellen Grüns zu sehen sind. Sie wendet sich weiteren Farbverläufen zu, die sie in collagierten Entwürfen umsetzt, von denen sie zwei zum Wettbewerb einreicht.

Nachdem die langwierigen Vorarbeiten abgeschlossen sind, geht es an die Umsetzung. Photographien von Ursula Pankau im Atelier in der Rosenstraße halten den kreativen Prozess fest. Die einzelnen farbigen Abdeckbleche sind zu Bildern zusammengeschoben, und speziell gebaute Lagervorrichtungen erlauben, hunderte von diesen mit glänzenden Lackfarben bemalten Leisten zu lagern. Bei diesen Arbeiten unterstützt sie im gemeinsamen Atelier ihr damaliger Ehemann, der Bildhauer Christoph Freimann. Er schafft Skulpturen aus Stahl und hat möglicherweise die Wahl Bramkes für das metallische Trägermaterial mitbeeinflusst. Allerdings steht es singulär im Werk der Künstlerin. Essenz bleibt bei aller Variabilität des Materials in ihrem gesamten Schaffen immer die Farbe. Mit dieser frühen, ausgreifenden Arbeit wird Bramkes System manifest. Das formgebende Element ist ein variables Ordnungsgefüge. Die Anordnung gleicher Elemente mit geringen Veränderungen und Nuancen, die aber nach den gleichen Gesetzmäßigkeiten in Reihen ablaufen, verdichtet sich zur Struktur und wird hier zum vibrierenden Lineament, wie es die Künstlerin selbst bezeichnet. Die Analogie zur musikalischen Variation, in der Töne mit angemessenem Vibrato als lebendig und expressiv wahrgenommen werden, liegt nahe. So können die aufmerksamen Nutzer und Nutzerinnen auf ihren Wegen in diesen Fluren die farbigen Segmente in ihrer Abfolge als schlichte Orientierungshilfe oder auch als eine musikalische Variation empfinden.

Die Autoren des Bildbands *Gebaute Reform* kommen 2016, fünfzig Jahre nach Fertigstellung der Arbeit, zu einem positiven Urteil: „Für die Betrachter dynamisieren die Energie der Farben und die schräge Linienführung die Eintönigkeit des Flurs. Damit ist das Werk ein gelungenes Beispiel dafür, wie Kunst am Bau integrativ funktionale Qualitäten haben kann, ohne ihren künstlerischen Wert zu verlieren."

2012 wird die Universität Konstanz mit ihrer Kunst am Bau unter Denkmalschutz gestellt. Zahlreiche Publikationen und teilweise sehr polemische Pressestimmen dokumentieren die Auseinandersetzung über die Kunst am Bau und ihre Bedeutung: „Erfahrung mit erfolgreicher Integration sammelte man in Konstanz in der Tat, was die schiere Fülle von Kunst am Bau angeht. Kein Campus in Deutschland, ja vielleicht kein öffentliches Gebäude überhaupt, musste bis in den letzten Winkel hinein mehr Farb-, Skulptur- und Lichtinstallationen aufnehmen. Der Bildband *Gebaute Reform* zeigt das ganze Repertoire. Als hätte ein Gemeinschaftskundelehrer den bösen, grauen Beton mit möglichst viel bunter Ausdruckkunst ablöschen wollen ..." (Reichwein 2016.) Im Hinblick auf Bramkes Arbeiten, die eine symbiotische Beziehung mit dem Umgebungsraum eingehen, greift diese Polemik allerdings zu kurz.

**1974–76.1**
Erdmut Bramke bei der Arbeit im Atelier Rosenstraße in Stuttgart

**1974–76.2, 1974–76.3**
Work in progress, Photographien aus dem Atelier Bramke und Freimann in der Stuttgarter Rosenstraße, 1976

**1974–76.4**
Vorbereitende Farbstudien

**1974–76.5**
Entwurfsblatt der Ebene 2

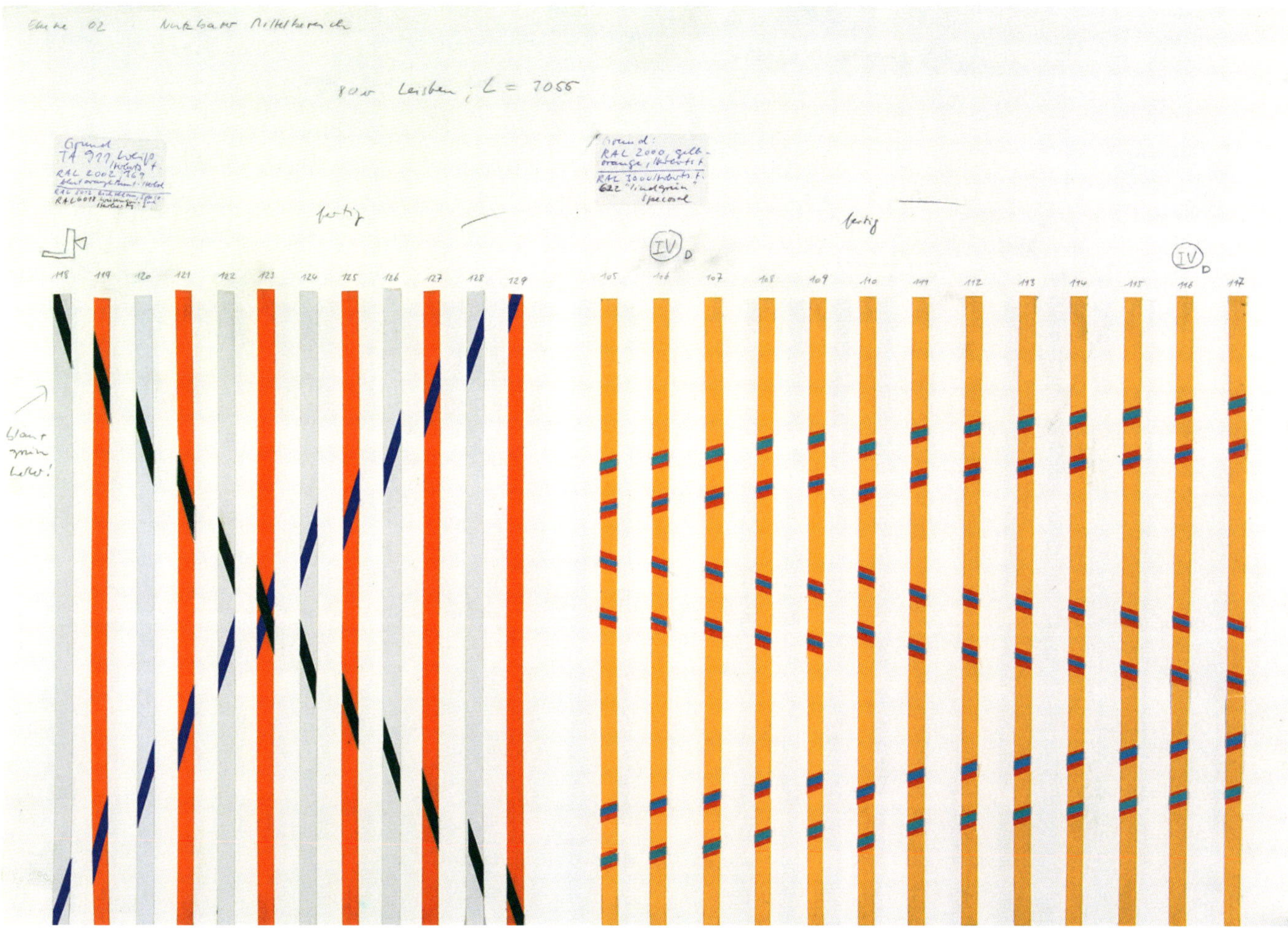

**1974–76.6**
Entwurfsblatt der Ebene 2

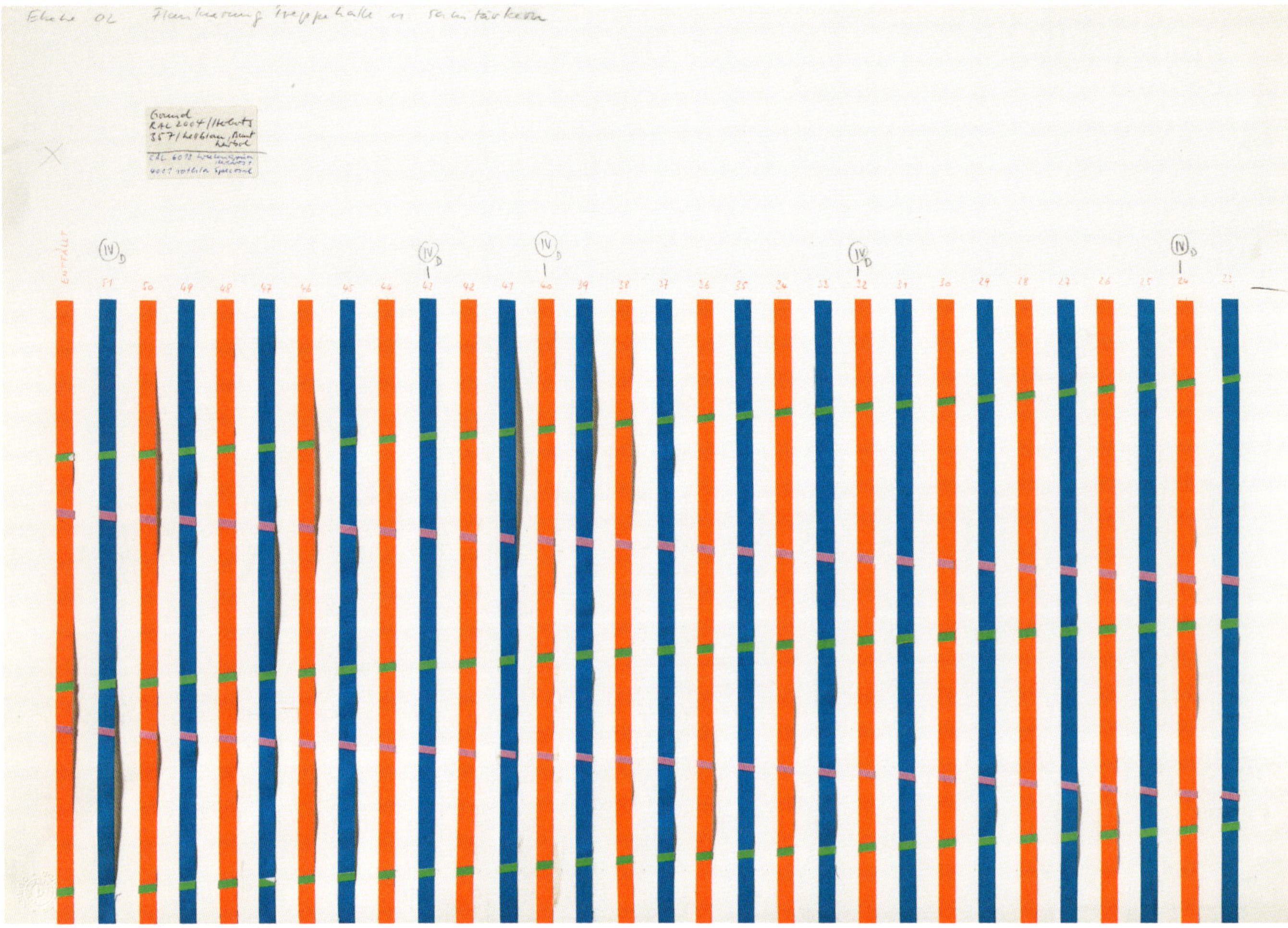

**1974–76.7**
Entwurfsblatt der Ebene 3

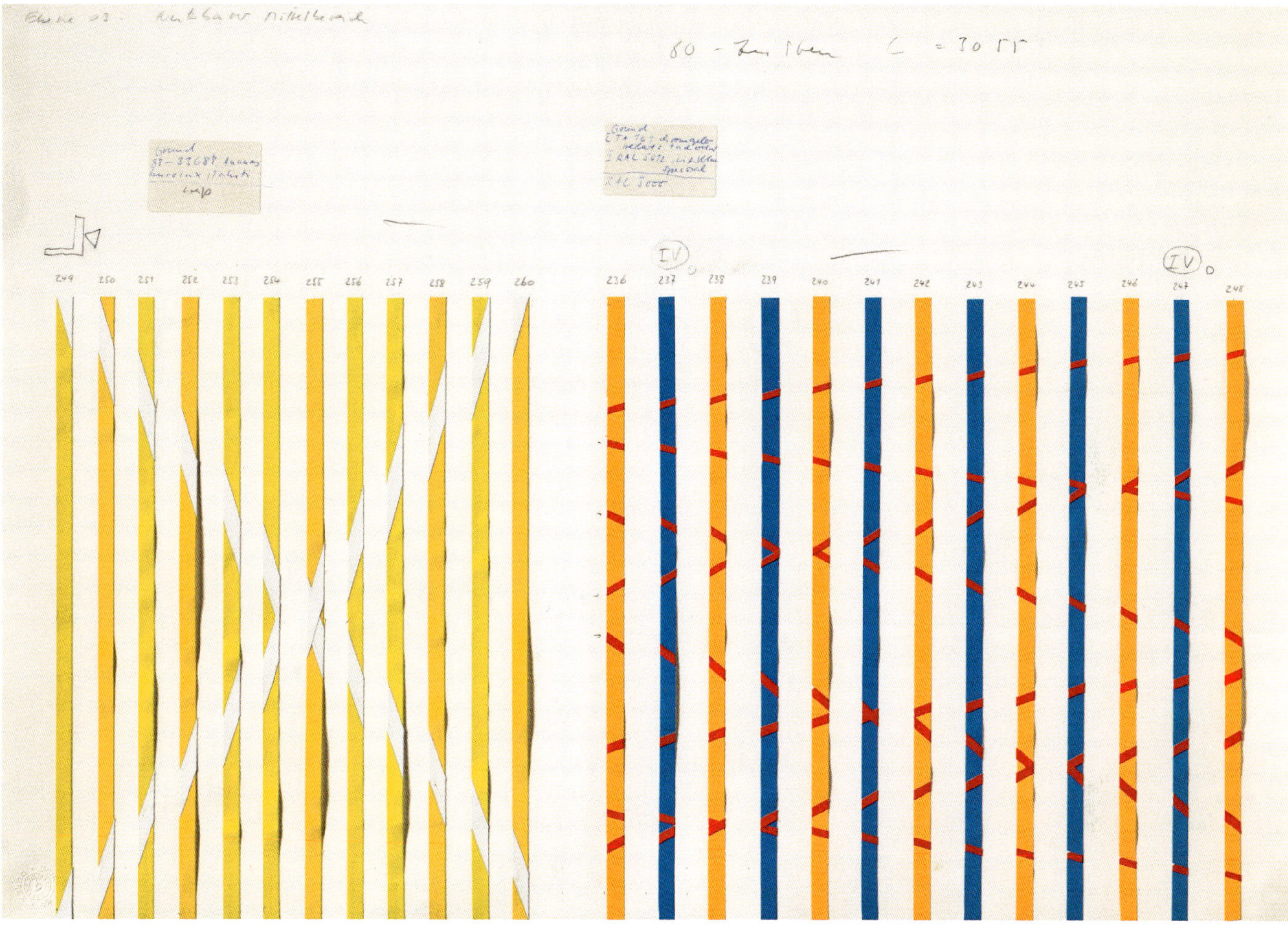

**1974–76.8**
Entwurfsblatt der Ebene 6

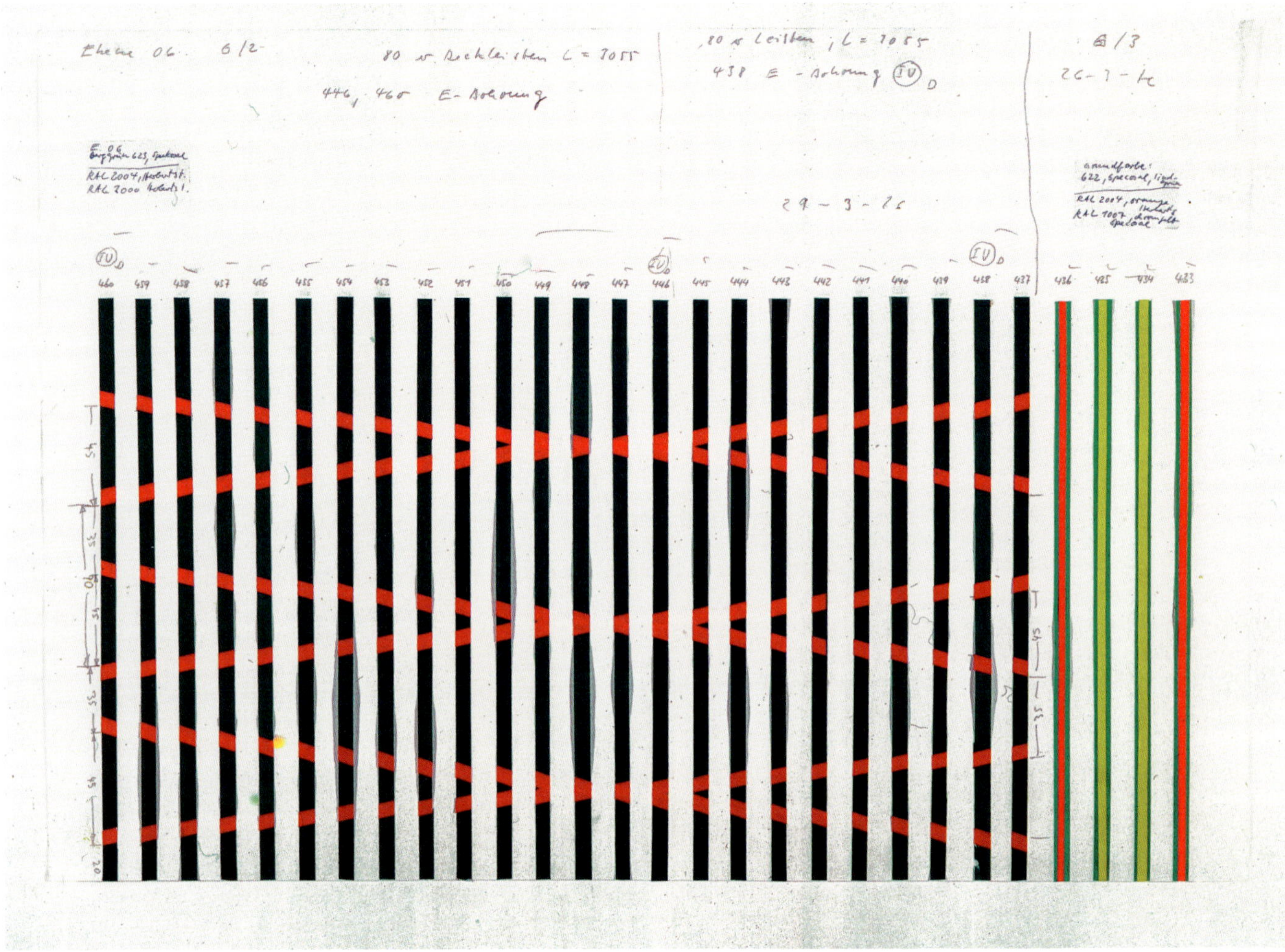

**1974–76.9**
Ansicht der ausgeführten Arbeit

**1974–76.10**
Ansicht der ausgeführten Arbeit

# Vertikalstreifen
# Universitätsbibliothek Stuttgart-Vaihingen, Wettbewerbsbeitrag, 1980

**Universitätsbibliothek Stuttgart-Vaihingen und Naturwissenschaftliches Zentrum I der Universität Stuttgart, Pfaffenwaldring 55, 70569 Stuttgart**

**1980 loben der Landesbetrieb Vermögen und Bau Baden-Württemberg und das Universitätsbauamt Stuttgart den Wettbewerb zur Gestaltung der Wand zum offenen zentralen, mehrgeschossigen Treppenaufgang der Bibliothek aus. Im Jahr darauf erfolgt der Ankauf des Entwurfs, der mit Vorentwurf Wandteppich betitelt im Erdgeschoss der Universitätsbibliothek Stuttgart-Vaihingen hängt. Dort sind auch die zwei weiteren Entwürfe, der von Anna Landmann und der später ausgeführte Siegerentwurf von Ritzi und Peter Jacobi, ausgestellt.**

Der Entwurf zur großen, wandfüllenden Collage über drei Geschosse fällt in die Stipendiatenzeit Bramkes in Rom. Ihr einjähriger Aufenthalt in der Deutschen Akademie Villa Massimo, 1979/80, eröffnet weite, helle Räume in ihren Arbeiten. Sie wagt das große Format, und es entstehen so großartige Werke wie das vom Kunstmuseum Stuttgart angekaufte Bild *Ikarus* (*WZ 1*, S. 195).

Der Entwurf in Acryl auf Leinwand von 1980 setzt sich aus zwei Teilen zusammen, die auf je einer hochrechteckigen weißen Platte befestigt sind. Als Untergrund dient der linken Arbeit eine rotgrundige, taubenblau überlasierte Leinwand, die an den Rändern den dunkleren Untergrund durchscheinen lässt. Auf dieser unregelmäßig beschnittenen, sehr stofflich wirkenden Leinwand sind zwei lange Leinwandstreifen befestigt, die mit einer türkisfarbenen bzw. ockergelben Lasur über rotem Grund ausgeführt sind. Alle drei Leinwandstücke sind wolkig mit Farbinseln und durchscheinendem Untergrund in Schichten gemalt. Diese diaphanen Übermalungen in vielen Schichten zeichnen das Frühwerk Erdmut Bramkes aus.

Ebenso sind die Leinwandstreifen auf der rechten Platte mit ihrem feinen Lineament, den unterbrochenen, gestrichelten Längslinien der hinter oder vor ihnen liegenden Farbschichten deutlich in diese Phase zu verorten. Die Künstlerin hat hier vier unterschiedlich lange Leinwandstreifen in der unteren Hälfte der Platte direkt auf die weiße Fläche aufgebracht. Diese in kräftigeren Farben ausgeführten Fragmente reichen von Rotgrün mit roten Vertikalstreifen über einen rotblauen Grund mit roten unterbrochenen Linien zu einem längeren Streifen in Grünbeige mit rosa Fadenstreifen und schließen ab mit einem blaugrünen Leinwandstreifen mit blassrosa Linien, die durch Punkte rhythmisiert werden. Mit diesem Entwurf bewegt sich Erdmut Bramke ganz in der Farbwahl und dem Duktus ihrer Malweise dieser Zeit.

**1980.1**
Entwurf zur Wandgestaltung, Farb- und Materialproben.
Acryl auf Leinwand, montiert auf Karton

# Spaziergang mit Giovanni
# Polizeirevier der Landespolizei Baden-Württemberg, Kornwestheim, Wettbewerbsbeteiligung, 1982

**Polizeirevier der Landespolizei BW, Stuttgarter Straße 101, 70806 Kornwestheim**

**Der vom Landesbetrieb Vermögen und Bau Baden-Württemberg, Amt Ludwigsburg, ausgelobte Wettbewerb zur künstlerischen Gestaltung des Dienstgebäudes für die Landespolizei in Kornwestheim führt zum Beschluss, „Bildwerke für die Innenräume des Dienstgebäudes der beteiligten Künstler anzukaufen", da keiner der vier eingereichten Entwürfe zur Weiterbearbeitung ausgewählt wurde. Von Erdmut Bramke wird das Gemälde Spaziergang mit Giovanni von 1983 ausgewählt und am 9. Juni 1984 wandfest montiert. Nach der Zerstörung des Gemäldes, von dem keine Abbildungen existieren, kommt es zu einem Austausch mit dem explizit für diesen Ort geschaffenen Gemälde (o.T., 1988. Acryl auf beschichtetem Holz, 179 x 220 cm).**

In einem handschriftlichen Briefentwurf an das Staatliche Hochbauamt Ludwigsburg vom 9. Juni 1984 schreibt Erdmut Bramke: „Ich bin sehr glücklich über diesen lichten, luftigen Ort, der ein wenig mit dem bildnerischen Inhalt dieser Arbeit korrespondiert. ... Dieses Bild ist für mich ein Schlüsselbild. Sie kennen ja meine früheren Leinwände: Immer der Dialog zwischen monochromen Farbfeldern und graphischen Gitterstrukturen. Bei dieser Arbeit habe ich auf das ordnende Prinzip, das graphische Gerüst, verzichtet! Als Erinnerung an frühere Bilder taucht nur noch am linken Bildrand eine gelbe Linie auf. Der Titel des Bildes: Spaziergang mit Giovanni weist auf ein Farberlebnis hin, daß das große Deckenfresko von G. B. Tiepolo in Würzburg in mir hinterlassen hat."

Der lichte Anbringungsort im Treppenhaus führte durch zu starke Sonneneinstrahlung und Verunreinigung durch Pflanzen bereits 1987 zur irreparablen Beschädigung des Bildes. Das in den Besitz der Künstlerin zurückgeführte Gemälde wie auch Abbildungen davon sind nicht auffindbar. Einzig schriftliche Kommentare des Staatlichen Hochbauamts Ludwigsburg zur zarten und subtilen Malweise der Arbeit bleiben. Allerdings kann eine Arbeit auf Papier von 1982 mit dem Titel *Giovanni* (*WZ* 2, S. 177), das ebenso vom Seherlebnis der Fresken von Tiepolo in der Würzburger Residenz gespeist wurde, als Anhaltspunkt herangezogen werden.

Die Künstlerin schlägt in Verhandlungen zum Ersatz eine lichtbeständige Arbeit vor, die sie Mitte 1988 in Kornwestheim vorführt. Weitere Bedenken zur Haltbarkeit überwogen noch zu diesem Zeitpunkt. „Überlegen: Lack – Wachsüberzug ... Folie an Fenster ... Heubach (vom Hochbauamt Ludwigsburg) sehr kritisch!", notiert die Künstlerin am 1. Dezember 1988. Architektur und Lichtverhältnisse sollten unverändert bleiben, und so experimentiert die Malerin mit lichtechten Materialien, die ihr im Nachgang ersetzt werden (Rechnung über Material + Transportkosten von 825,22 DM). Die Arbeit o.T. von 1988 wird an gleicher Stelle im Dachgeschoss des Treppenhauses montiert und ist nach über dreißig Jahren so farbintensiv wie zu Beginn. Die weiß beschichtete Holzplatte ist mit kreuz und quer eingefrästen Linien, längsrechteckigen Vertiefungen und Löchern bearbeitet. Die kleinen Löcher sind im Unterschied zu den anderen Vertiefungen mit Lack in den vier Grundfarben bemalt und schweben frei über der Fläche. In gewisser Weise nehmen sie die Wandbearbeitung im Rotebühlbau Stuttgart vorweg.

**1982.1**
*Giovanniblatt*, 1983. Acryl auf Bütten. (WZ 2, S. 177)

**1982.2**
Trepppenhaus mit der Arbeit o.T.,1988.
Acryl auf beschichtetem Holz, 179 x 220 cm

**1982.3**
Detail der Arbeit o.T.

# Leichtigkeit statt Pathos
# Chemische Landesuntersuchungsanstalt Freiburg, realisiert 1985–88

**Chemische Landesuntersuchungsanstalt CLUA Freiburg, heute Chemisches und Veterinäruntersuchungsamt CVUA Freiburg, zweites Dienstgebäude, Bissierstraße 5, 79114 Freiburg im Breisgau**

**1985 startet der offene Wettbewerb für die Gestaltung des Außenraums durch den Landesbetrieb Vermögen und Bau Baden-Württemberg, Amt Konstanz. Ein langer Entscheidungsprozess und veränderte Anforderungen führen 1988 zur Abnahme des mit glasierten Keramikkacheln gefliesten Erdgeschossbereichs.**

In einem ersten, unspezifischen Ideenwettbewerb „Kunst für den Neubau des zweiten Dienstgebäudes der Chemische Landesuntersuchungsanstalt (CLUA)" tagt das Preisgericht erstmals im April 1985 und hat über 129 Einreichungen zu entscheiden. Auch im zweiten Teil des Wettbewerbs bestimmen die 15 gegen Honorar mit einem Vorentwurf beauftragten Künstler und Künstlerinnen „Ort und Umfang ihres Beitrags selbst". Nachdem Bramke im Frühjahr 1986 ihren Beitrag für die Fassade eingereicht hatte, gehört sie zu den verbleibenden sieben Künstlern, die nach weiteren Vorgesprächen den Ausführungsauftrag für 1988 erhalten.

In ihrem Erläuterungsbericht beschreibt Erdmut Bramke, wie sie „die vorhandenen Farbakzente: rot (Rohre) – blau (Unterkante Dach) in [m]einem Beitrag durch die Farbe: Gelb erweitert[n]" will. „Zwischen die roten Rohre werden emaillierte Eisenfahnen montiert. Das Rot der Rohre wird durch farbigen Zusatz der Fahnen (im Wechsel: blau – gelb) im Farbton verändert. Die Fahnen stehen ca. 10 bis 15 cm vor der Fassade. Durch die dreifache Krümmung des langen Baukörpers ist somit auch eine Aktivierung der Seitenansicht gegeben. Über den Rohrenpaaren wird eine beidseitig emaillierte, runde Scheibe im Abstand von 3 bis 5 cm montiert. Durch die rückseitige Farbbehandlung dieser Scheiben erfolgt eine Farbabstrahlung auf der Fassadenwand." Zwischen den Architekten des Hochbauamts und dem Preisgericht müssen verschiedene Ansichten bezüglich der Fassadengestaltung bestanden haben, da die roten Zuluftrohre, so wie sie von den Architekten vorgesehen waren, ohne weitere farbige Gestaltung umgesetzt wurden. Die Planungen Bramkes, die dezidiert auf die Architektur des Laborgebäudes eingingen, wurden damit gegenstandslos. Frisch aus Paris zurück-

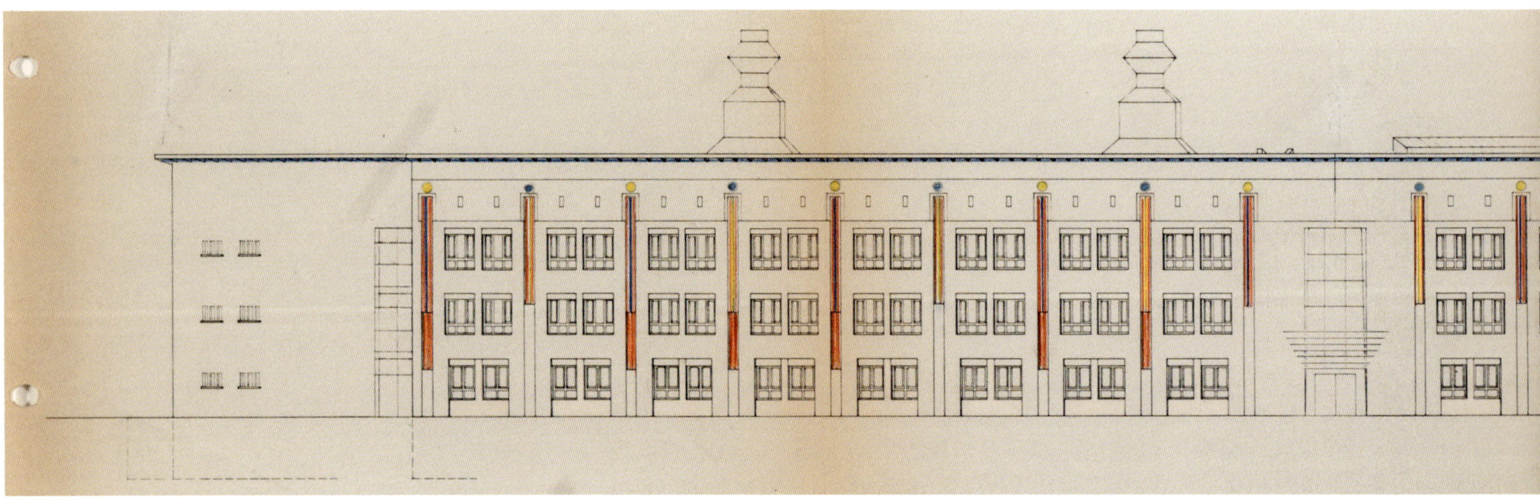

**1985–88.1**
Eingereichter Fassadenentwurf, 14,5 x 56 cm

gekehrt, macht Bramke sich eine Gesprächsnotiz vom Treffen mit den Verantwortlichen in Konstanz vom 4. Januar 1986: „Entwurf diskutiert – postmodern?" War der Entwurf als zu postmodern durchgefallen? Dazu finden sich keine weiteren Angaben. Die Diskussion um die Fassadengestaltung endet zunächst, und die Planungen zur Innenraumgestaltung nehmen Fahrt auf.

Der von den Architekten des Staatlichen Hochbauamts bis 1990 errichtete 140 m lange, mehrfach geknickte Baukörper ist geprägt durch die Doppelfenster der drei Geschosse, die durch tiefe Fugen mit sichtbarer Haustechnik rhythmisiert sind. Die bereits 1988 umgesetzten Entwürfe Bramkes konzentrieren sich nun auf die gekachelten Wandfelder und Fensterbrüstungen der Erdgeschosszone der Vorder- und Rückseite des Gebäudes. Jeweils zwei Fensterachsen sind durch eingeschnittene, schmale Nischen zu einem Doppelfenster zusammengefasst.

Bramke wählt aus einer Palette von 69 Farbtönen Fliesen in 12 verschiedenen Farben aus: Zitronengelb, glänzend; Intensiv-Gelb; Intensiv-Orange; Intensiv-Rot; Violettblau, halbmatt; Adriablau, glänzend; Pappelgrün, glänzend; Intensiv-Grün; Achatgrau, matt; schwarz glänzend; Rosé, glänzend und Orangebraun, glänzend. Im Atelier schneidet sie kleine Vierecke (2 x 2 cm) in diesen Farben aus und klebt diese auf die kopierten Musterflächen. Sodann entstehen mit Buntstift verschiedene Farb- und Formvariationen, bis 35 individuelle Anordnungen komponiert sind. In ihrer Serie wiederholt sich keine Farbkombination oder räumliche Anordnung. In den einzelnen Kompartimenten arbeitet sie entweder monochrom oder setzt bis zu sechs verschiedene Farben ein, die entweder aus einer Farbfamilie oder aus dem komplementären Farbenspektrum stammen. Ein- oder mehrfarbige Streifen, Quadrate, Rechtecke, Winkel und Haken bespielen die untere Zone. Was einen spielerischen Effekt suggeriert, entspringt langwierigen Überlegungen und Bramkes intensiver Beschäftigung mit der jeweiligen Farbe. Keine Wiederholung ist erkennbar, und über allem steht die Freude an der Variation. „Die Variationen sind austauschbar, gleichwertig und ohne Ende fortsetzbar. Mit größter Einfachheit weisen sie auf die Vielfalt von Natur und Leben hin", wie Ulrike Spranger in ihrem mit „Leichtigkeit statt Pathos" betitelten Aufsatz 1995 schreibt. So finden Natur und Leben wie Chemie und Hygiene in abwaschbaren und unverwüstlichen Kacheln ihre kongeniale Entsprechung.

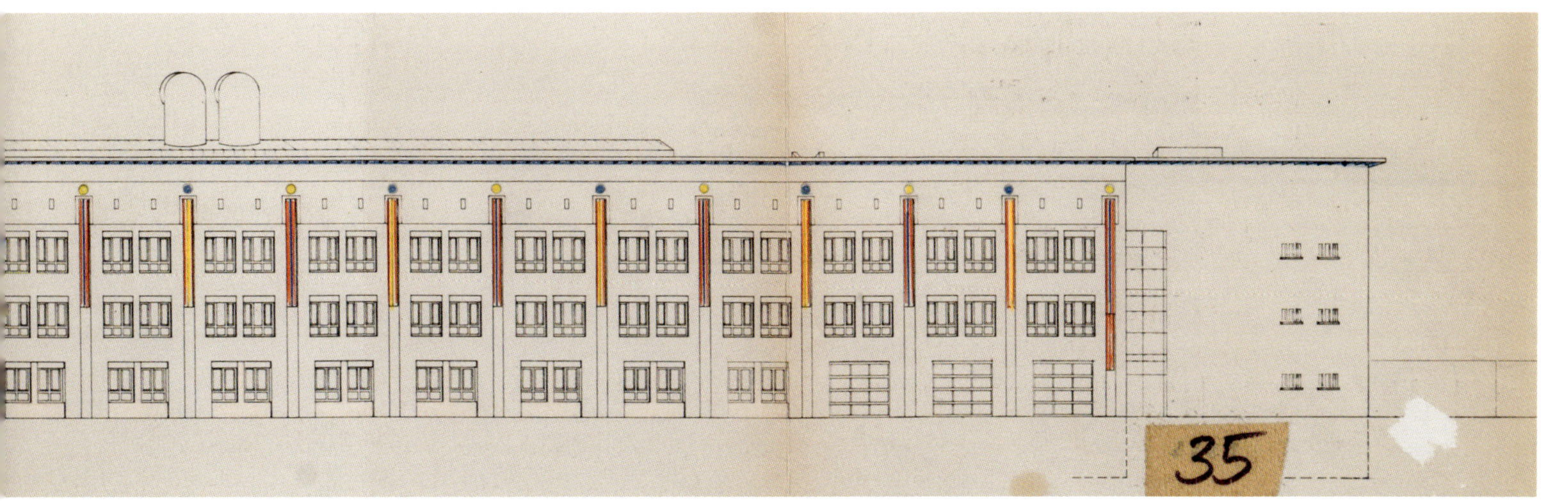

**1985–88.2**
Farbpalette der Bruchtaler Qualitätskeramik

**1985–88.3**
Eine von 35 verschiedenen Vorzeichnungen

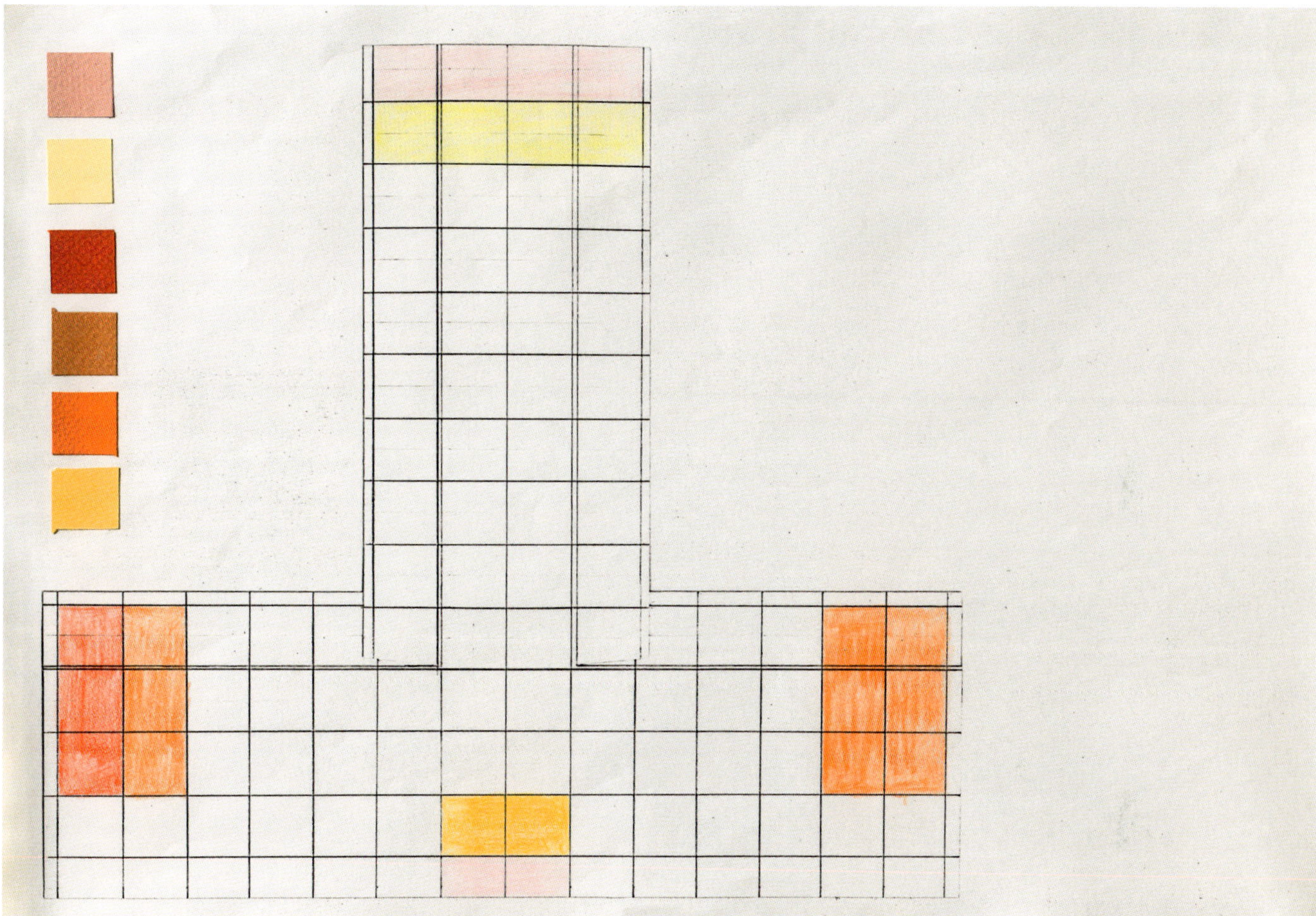

**1985–88.4**
Eine von 35 verschiedenen Vorzeichnungen

**1985–88.5**
Eine von 35 verschiedenen Vorzeichnungen

**1985–88.6**
Vorderseite des Gebäudes

**1985–88.7**
Rückseite des Gebäudes

**1985–88.8**
Fassadenausschnitt

**1985–88.9**
Brüstung

# Ein Raum mit Malerei
# Chemische Landesuntersuchungsanstalt Freiburg, realisiert 1985–90

**Chemische Landesuntersuchungsanstalt CLUA Freiburg, heute Chemisches und Veterinäruntersuchungsamt CVUA Freiburg, zweites Dienstgebäude, Bissierstraße 5, 79114 Freiburg im Breisgau**

**Wettbewerb zur Gestaltung der Wartezone vor der Direktion im Erdgeschoss des Gebäudes, ausgelobt im Januar 1985 vom Landesbetrieb Vermögen und Bau Baden-Württemberg, Amt Konstanz. Bramke wird mit der Ausführung eines Wandgemäldes unter Einbeziehung der Säulen und Möbel für ein Honorar von 34 000 DM beauftragt. Abnahmetermin von fünf Gemälden der Serie „Luberon" ist der 26. Juni 1990.**

„Erläuterungsbericht: Ein Raum mit Malerei: Durch ein großes, heiteres Wandbild möchte ich die Wartezone zu einem signifikanten Punkt im Hause machen. Die sechs Säulen dieses Bereiches werden durch ihre Farbgebung in das Bild miteinbezogen, sodaß eine Korrespondenz zwischen farbigen Säulen und Bild entsteht. Das Mobiliar müßte unterkühlt sein. Ich wünsche mir hier einige Klassiker (z.B.: Le Corbusier, Marcel Breuer usw.)."

Das Wettbewerbsmodell zeigt ein expressives Wandbild mit roten, orangefarbenen und wässrig hellblauen, breiten Pinselbahnen mit schwarzen, zum Teil in die Fläche diffundierenden Farbinseln. Ganz wie von der Künstlerin beschrieben, erwecken die pastellfarbenen Rundstützen in Hellblau, Hellgelb und Rosa den Eindruck, Teil des Werks zu sein. Das Wandbild strahlt eine heitere Beschwingtheit aus, und es scheint ein Eigenlicht davon auszugehen. Im Entscheidungsprozess werden aus dem Wandbild zunächst fünf zusammengesetzte, auf Sperrholztafeln aufgezogene Bilder. Im Vertrag vom 15. Dezember 1986 werden „5 mit Leinwand bezogene KEILRAHMEN in der Wartezone" bestätigt, also fünf im Atelier entstandene Gemälde. Auch die Farbgebung der Säulen, zunächst wichtiges Element der Kunst-am-Bau-Konzeption Erdmut Bramkes, wird abgeschwächt durch die ergänzende „Absprache über die Farbgebung der Umgebung mit den Architekten". So werden aus den glattgespachtelten farbigen Säulen betonsichtige Rundstützen mit Kannelur. Vom 4. Dezember 1987 findet sich die handschriftliche Notiz: „Steinprobe Konstanz dunkelgrauer Granit" und, bezogen auf die Wandgestaltung: „5 Tafeln mit Luft Länge jetzt 12,50 m". Die Künstlerin fügt sich den Veränderungen und wählt zur Gesamtgestaltung des schmalen Bereichs kleine eckige Beistelltische und den Diamond Chair von Harry Bertoia aus.

Aus der siebenteiligen Serie *Luberon* von 1988 (jeweils 190 x 210 cm, *WZ 1*, S. 250 f.) wählt Bramke fünf aus. Die beiden verbleibenden Gemälde der Serie *Luberon*, 1 und 7, befinden sich in öffentlichem Besitz. Entstanden sind diese großformatigen Bilder nach einem längeren Aufenthalt der Künstlerin im südfranzösischen Luberon. Inspiriert durch die Farberlebnisse und Stimmungen dieser Reise, malt Bramke die großen Leinwände mit ihrer flirrenden Farbigkeit im Stuttgarter Atelier. Als Teil des Gesamtentwurfs schickt Erdmut Bramke am 2. Juli 1990 zehn Tageblätter (*WZ 2*, S. 381 ff.), die sie in zwei Blöcken gegenüber den Leinwänden anbringen lässt.

Die geplante Anbringung der großformatigen Bilder am 10. Oktober 1989 scheitert aufgrund des mangelnden Baufortschritts, und so ergreifen Tilman Osterwold und die Künstlerin die Gelegenheit und stellen Teile der Serie in der ersten großen monographischen Ausstellung der Künstlerin im Württembergischen Kunstverein in Stuttgart im Sommer 1990 aus. Kurz darauf wird am 5. Oktober 1990 die feierliche Übergabe des Baus in Freiburg gefeiert.

**1985–90.1**
Wandbild und Raumgestaltung im nicht auffindbaren Modell

**1985–90.2**
Ausgeführte Wartezone

# Gelb bringt Licht in den Wartebereich
## Universitätsklinikum Tübingen, Wettbewerbsbeitrag, 1987

**Diagnostische und Interventionelle Radiologie, vormals Chirurgisch-Radiologisches Zentrum, Hoppe-Seyler-Straße 3, 72076 Tübingen**

**Wettbewerb zur Gestaltung des Wartebereichs der Röntgendiagnostik des Chirurgisch-Radiologischen Zentrums der Universität Tübingen, ausgelobt vom Landesbetrieb Vermögen und Bau Baden-Württemberg, Amt Tübingen. Bramke reicht ein Modell zur Wandabwicklung im Maßstab 1:20 mit einem Vorschlag zur Farbgebung der umgebenden Architekturelemente ein. Das veranschlagte Honorar für die Realisierung des Tafelbilds beträgt ca. 30 000 DM.**

Bramke schreibt in ihrem Erläuterungsbericht vom 3. Juni 1987: „Für eine lange Wand entwerfe ich ein Bild, das sich horizontal ausdehnt, eine Arbeit, die die architektonische Situation aufnimmt und unterstreicht. Ich stelle mir eine Leinwand vor, an der man entlanggehen kann, ein Tafelbild, auf dem die Augen ruhen und ‚wandern' können. Gelb wähle ich als dominante Farbe, zwei Säulen übernehmen diese, um Helligkeit in den Raum zu tragen; Gelb bringt Licht in den Wartebereich."

Im Atelier haben sich zwei mit Aquarell- und Pastellfarben bemalte Längsstreifen, auf der Rückseite mit 1987 beschriftet, erhalten. Beide Vorarbeiten für den horizontalen Fries sind gelbtonige Aquarelle. Die in Farbinseln aufgetragene, verlaufende gelbe Farbe wird durch blaue, rote und türkisfarbene Akzente überlagert. Darüber setzt Bramke andersfarbige Pastellkreideschraffuren. Die Ebenen vermischen sich, kein Oben und Unten ist erkennbar, und in diesem schwebenden Farbenkosmos können sich die Betrachter verlieren. In der Modellphotographie sind zwei gelb gestrichene, achteckige Pfeiler zu sehen, die das leuchtende Gelb des Frieses wieder aufnehmen und intensivieren. Die Arbeiten der zweiten Hälfte der 1980er Jahre sind geprägt von einer hellräumigen Vielschichtigkeit, was von Eugen Gomringer (*WZ 1*, S. 213) auf ihren langen Aufenthalt in Paris im Sommer 1986 zurückgeführt wird.

Wie die Künstlerin in ihrem Erläuterungsbericht schreibt, möchte sie Licht in die Räume bringen, in denen sich die auf die Strahlentherapie wartenden Patienten aufhalten. Bei der Vorbesichtigung der Räume soll laut Protokoll des Universitätsbauamts vom 3. April 1987 auch über die Gestimmtheit der Patienten gesprochen worden sein. Assoziationsketten wie Licht, Sonne, Wohlbehagen, den Blick frei schweifen lassen, sich an einen anderen Ort träumen, könnten von dieser lichten Kunst ausgehen. (Siehe auch das Kapitel „Healing Art" in der Einleitung.)

**1987.1**
Nicht mehr auffindbares Modell im Maßstab 1:20

**1987.2**
Vorarbeiten für den Fries. Aquarell und Farbstift auf Bütten

# Schmuckvorhang
# Stadthalle Sindelfingen, Wettbewerbsbeitrag, 1988

**Stadthalle Sindelfingen, Schillerstraße 23, 71065 Sindelfingen**

**Für den großen Saal der Stadthalle, der eine grundlegend neue Innenraumgestaltung erhalten soll, lobt die Stadt Sindelfingen, Dezernat I und IV, 1988 einen beschränkten Wettbewerb zur Gestaltung des Bühnenvorhangs aus. Gefordert ist ein horizontal verlaufender Vorhang mit ca. 30 % Faltenwurf unter Berücksichtigung der feuerpolizeilichen Bedingungen (DIN 4102/B1). Die Einreichung des Probestücks, verbunden mit einem Wettbewerbshonorar von 5000 DM, wird auf den 28. Mai 1988 festgelegt. Bramke reicht eine Stickerei auf schwarzem Bühnenvelours ein, das vor Ort in das Raummodell eingefügt wird. Der Kostenvoranschlag Erdmut Bramkes beläuft sich auf 157 000 DM inklusive 50 000 DM Künstlerhonorar. Als mitwirkende Firma für Bühnentextilien wählt sie die Gerriets GmbH aus Umkirch bei Freiburg.**

In der Farbgebung des Vorhangs waren die zehn geladenen Künstler und Künstlerinnen frei; später sollten die von ihnen gewählen Farben in die Entscheidung über die Raum- und Polstermöbelfarben einbezogen werden. Bramke entscheidet sich gegen das klassische Rot und Gold und wählt mit Silberfäden auf schwarzem Samt eine elegante, märchenhafte Anmutung für den umgestalteten Raum. Diese Farbgebung erinnert entfernt an historische Bühnenvorhänge, wie den des Berliner Theaters des Westens von 1895. Im vorliegenden Erläuterungsbericht beschreibt die Künstlerin ihre Absicht poetisch: Das Thema der tanzenden Punkte wird hier in silbernen Fäden in Stoff ausgeführt. Durch konzentrierte Ruhe und gespanntes Schauen werden die Punkte in tänzerische Bewegung gesetzt und der Betrachter könnte ein „langsames Flirren“ wahrnehmen.

„Auf schwarzem Grund ordne ich mit unterschiedlich großen Silberpunkten eine Spirale an. Sie bewegt sich aus der Mitte des Vorhanges zu dessen Rändern und überschreitet sehr schnell die Vorhangsbegrenzungen; ein Ausschnitt einer Spirale ist zu sehen. Aus formalen und inhaltlichen Gründen wähle ich schwarz. Formal: Eingliederung in die vorgegebene Farbgestaltung des Raumes. Inhaltlich: Konzentration und Ruhe. In dieser Ruhe beginnt ein langsames Flirren: das Auge läßt die Punkte der Spirale auf großer Fläche tanzen. Ich entscheide mich für eine zeitlose, klassische und konventionelle Lösung, weil diese der vielfältigen Nutzung der Stadthalle standhält.“

Der Entwurf und das Probestück in schwarzem Bühnenvelours mit 50 verschieden großen Punkten, mit unterschiedlich starken und glänzenden Silberfäden bestickt, sind nicht auffindbar. Nach der Beschreibung wird es sich um eine aus Punkten geformte Spirale gehandelt haben. Die ebenso nicht auffindbare zweite in Stoff ausgeführte Arbeit in rotem Bühnenvelours ist mit glänzenden Applikationen, Quadraten und Rechtecken verschiedener Abmessungen, bestickt. Überliefert ist diese Information aus der Kostenvoranschlagsanfrage für das Material.

Diesen weiterverfolgten Entwürfen geht eine Ideenskizze voraus, in der die Künstlerin zum einen über verschieden eingefärbte Streifen oder mit Fingertupfern zu erreichende Stimmungsbilder wie auch über Farbe „(hellblau !!!)“ nachdenkt. Zum anderen erwähnt sie ihre Quellen, konsultiert ein Theater-Lexikon wie auch den berühmten badischen Theaterfachmann des 19. Jahrhunderts Friedrich Weinbrenner. In der Folge experimentiert sie mit unterschiedlichen Mustern auf verschiedenfarbigem Karton in den Maßen 35 x 104 cm. Zu den Entwürfen mit weißen, in Spiralform verlaufenden Punkten entsteht einer auf rotem Karton mit wie Schneeregen herabfallenden Punkten. Mit farbigen Pastellkreiden zeichnet Bramke weitere Entwürfe auf orangefarbenem, rotem, braunem und schwarzem Karton. Aus Punkten oder Strichen entstehen farbige, eher geordnete Streifen. Mit Blöcken von Schraffuren oder schwirrenden Strichen, die sich zur Mitte hin verdichten, entstehen bewegte Bilder.

Der Entwurf auf schwarzem Karton mit weißen Punkten in konzentrischen, sich nach innen verengenden Kreisen, allerdings mit sehr viel mehr als 50 Punkten, kommt wohl dem ausgewählten Entwurf sehr nahe. Das Motiv der tanzenden Punkte mit ihrer suggestiven Wirkung kehrt im Polizeirevier Kornwestheim und im Stuttgarter Rothebühlbau wieder.

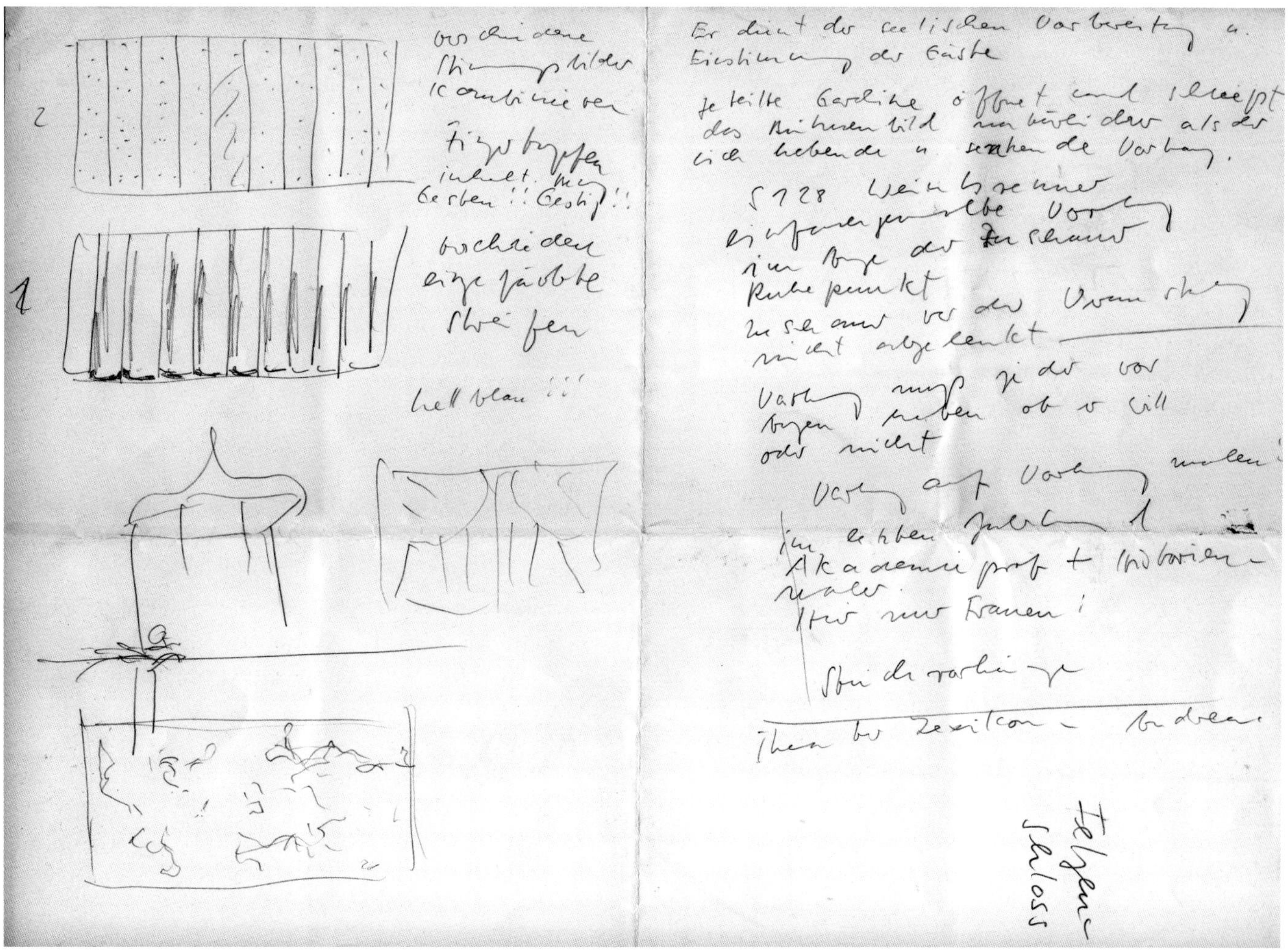

**1988.1**
Erste Ideenskizze. Bleistift auf Papier

**1988.2**
Vorarbeit zur Einreichung

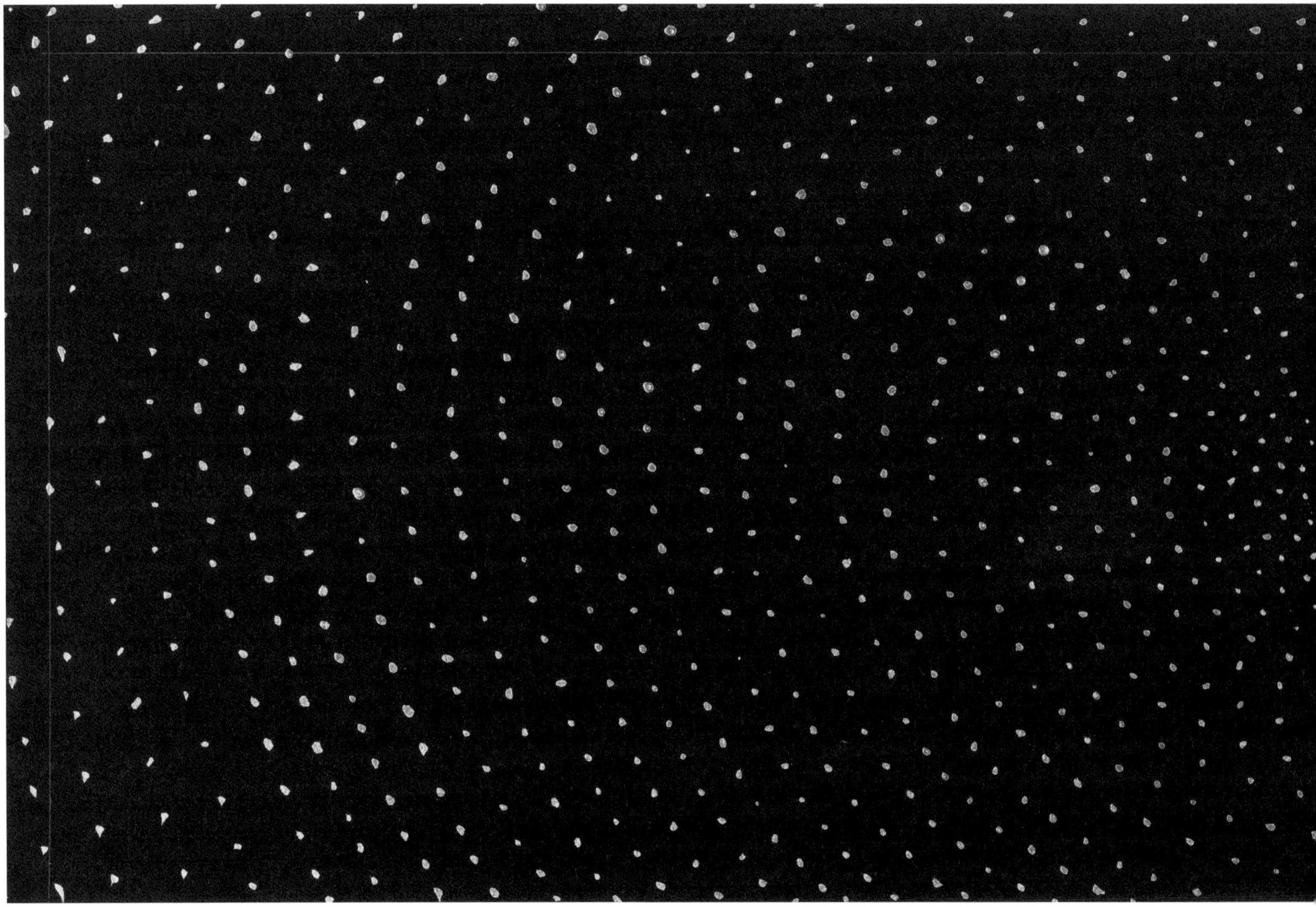

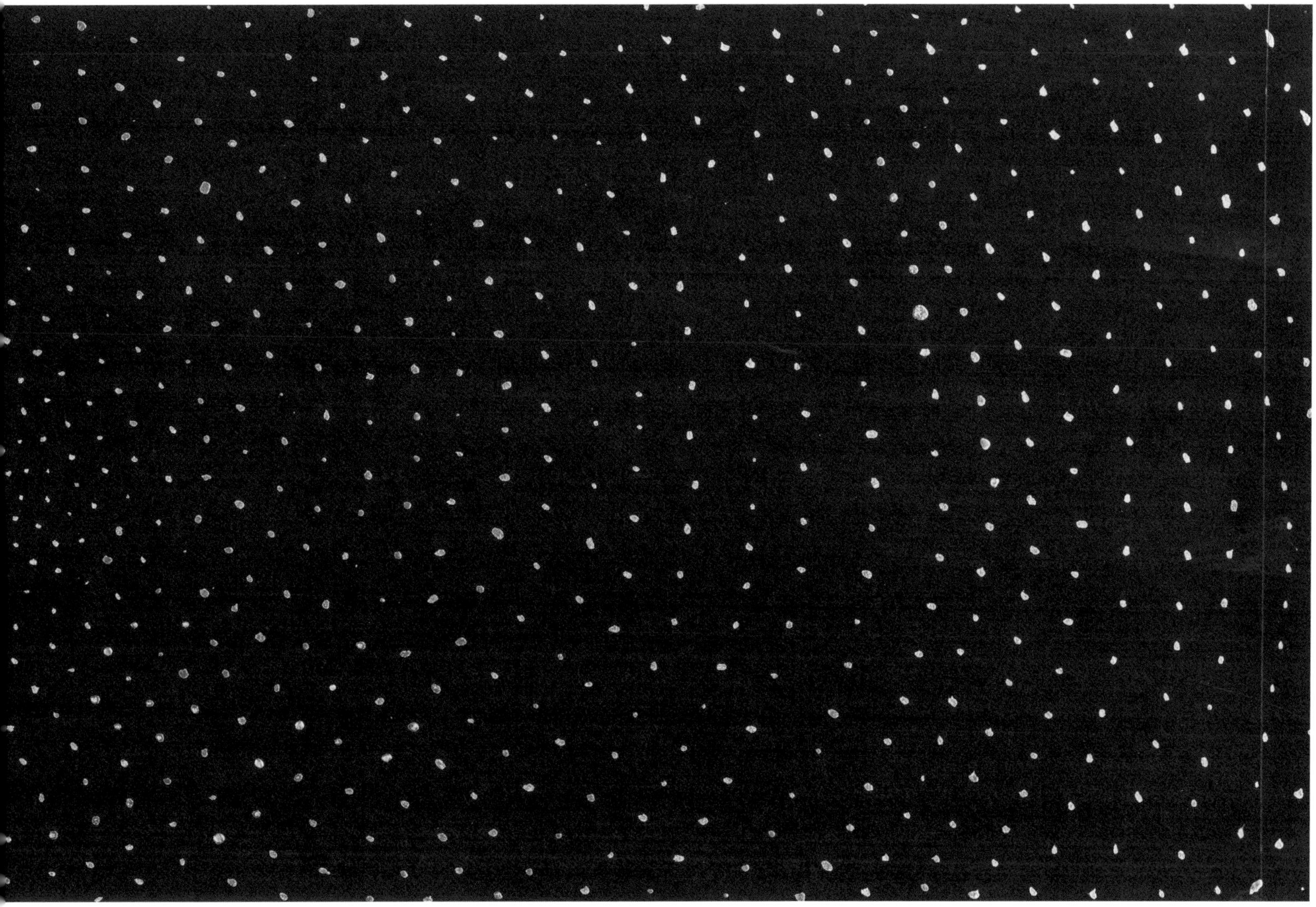

**1988.3, 1988.4**
Entwürfe für den Bühnenvorhang. Farbstifte und Pastellkreide auf farbigem Karton, 35 x 104 cm

**1988.5, 1988.6**
Entwürfe für den Bühnenvorhang. Farbstifte
und Pastellkreide auf farbigem Karton, 35 x 104 cm

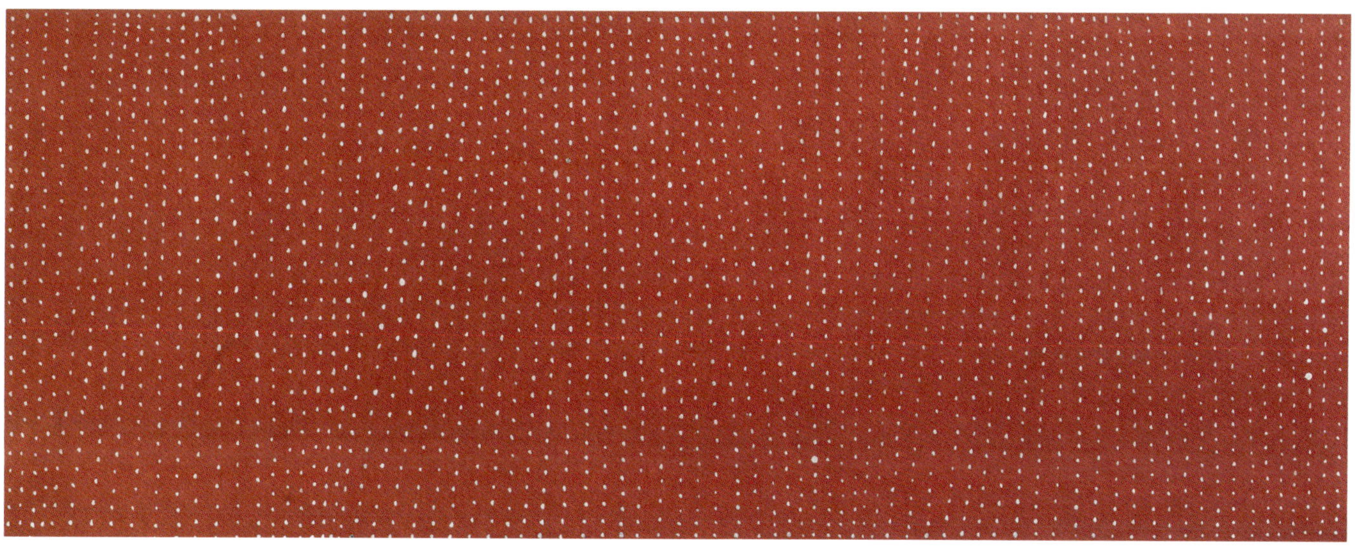

# Graffiti
# Staatliche Sport-Toto GmbH Stuttgart, Wettbewerbsbeitrag, 1988/89

**Staatliche Sport-Toto GmbH Stuttgart, Nordbahnhofstraße 201, 70191 Stuttgart**

**Zur künstlerischen Gestaltung des Speisesaals für den Neubau ihrer Geschäftsstelle lobt die Staatliche Sport-Toto GmbH 1988 einen eingeschränkten Wettbewerb mit externem Preisgericht mit 3000 DM Wettbewerbshonorar und 50 000 DM Realisierungshonorar aus. Außer Erdmut Bramke sind Claus-Peter Clapeko, Diether F. Domes, Hans-Peter Hauf, Klaus Heider, Petr Hrbek, Karin G. Kieltsch geladen, von deren Entwürfen sich der von Klaus Heider durchsetzt. Begehung des Rohbaus ist am 28. Oktober 1988, ein halbes Jahr später, am 14. März 1989, sollen die Wettbewerbseinsendungen eingehen.**

In der Aufgabenbeschreibung (S. 2 der Wettbewerbsunterlagen) wird ein weit ausgreifendes künstlerisches Gesamtkonzept angestrebt, dem Bramke mit Schematisierung und dem auf die drei Grundfarben reduzierten Konzept begegnet: „Der Kunstbeitrag soll den Speisesaal einschl. seines optischen Umfeldes mit malerischen Mitteln mitgestalten. Er kann zugleich ein Farbkonzept für die angrenzenden Bereiche bis hin zur Eingangshalle mit einschließen und Orte für eine besondere künstlerische Akzentuierung ausweisen."

Bramke wählt für diese Aufgabe ein für sie neues und ungewöhnliches Verfahren, den Schablonendruck in Pochoir-Technik. Sicherlich war Bramke diese Technik, die im Paris der frühen 1980er Jahre zum Trend wurde, aus ihrer Zeit dort bekannt. Graffiti mit Hilfe von Schablonen auszuführen, bedeutet hier, drei Schablonen, die Buchstaben L, O, T, aus Karton auszuschneiden und auf den Bildträger, später die Wand, zu legen und anschließend mit Farbe zu besprühen. Die offenen Stellen der Schablonen hinterlassen beim Abnehmen ein flächiges Positiv der drei Buchstaben auf der Unterlage. Die Idee der Künstlerin, die beiden Worte auf nur drei Buchstaben reduzieren zu können und sie variantenreich mit immer neuen Effekten auf den verschiedenen Flächen des Gebäudes in den drei Grundfarben zu verteilen, mag ausschlaggebend für die Wahl dieser Technik gewesen sein.

In ihrer Entwurfsidee betont sie diesen spielerischen Effekt: „Mein Konzept besteht darin, mit den drei Buchstaben der zwei Wörter TOTO – LOTTO, also L – O – T und den drei Grundfarben, zu spielen. Ich entlehne meine Herangehensweise der Grundidee des Lotto-Spielens: frei nach Wahl oder nach System anzuordnen ... Es können nun vielfältigste Möglichkeiten entstehen: strenge Anordnung, freies Setzen, farbige Variationen, Buchstabenkombinationen ..., Linien, Kreuze, Kreise, Flächen, Überlagerungen ... Auf der Hauptwand des Speisesaals beginnt meine Arbeit mit einer großen Komposition. Von hier aus entwickeln sich mit den Elementen: L – T – O – Rot – Gelb – Blau – neue Kompositionen auf den Wänden der Flure, den sichtbaren Lüftungsrohren, bis hin zum Eingangsbereich: TOTO – LOTTO – WEGE."

Eine der drei Studien auf Büttenpapier experimentiert mit nur zwei Farben, der blaue Buchstabe ist leicht versetzt über den dunkelgelben gesetzt. Dadurch entsteht eine Verräumlichung. Die anderen Blätter sind dreifarbig – rot, blau und hellgelb – mit und ohne Überblendungen der Buchstaben in unterschiedlichsten Kombinationen. Die unscharfen Ränder der Farbflächen und der teils trockene, durchscheinende Farbauftrag betonen das Spontane der Technik und deren Herkunft. So erreicht Bramke mit einfachsten Mitteln die Assoziation des Unkontrollierten und des Zufalls im Glücksspiel.

**1988/89.1**
Entwurf zur Wandgestaltung,
Schablonengraffiti auf Büttenpapier, 56 x 50 cm

**1988/89.2**
Entwurf zur Wandgestaltung,
Schablonengraffiti auf Büttenpapier, 56 x 50 cm

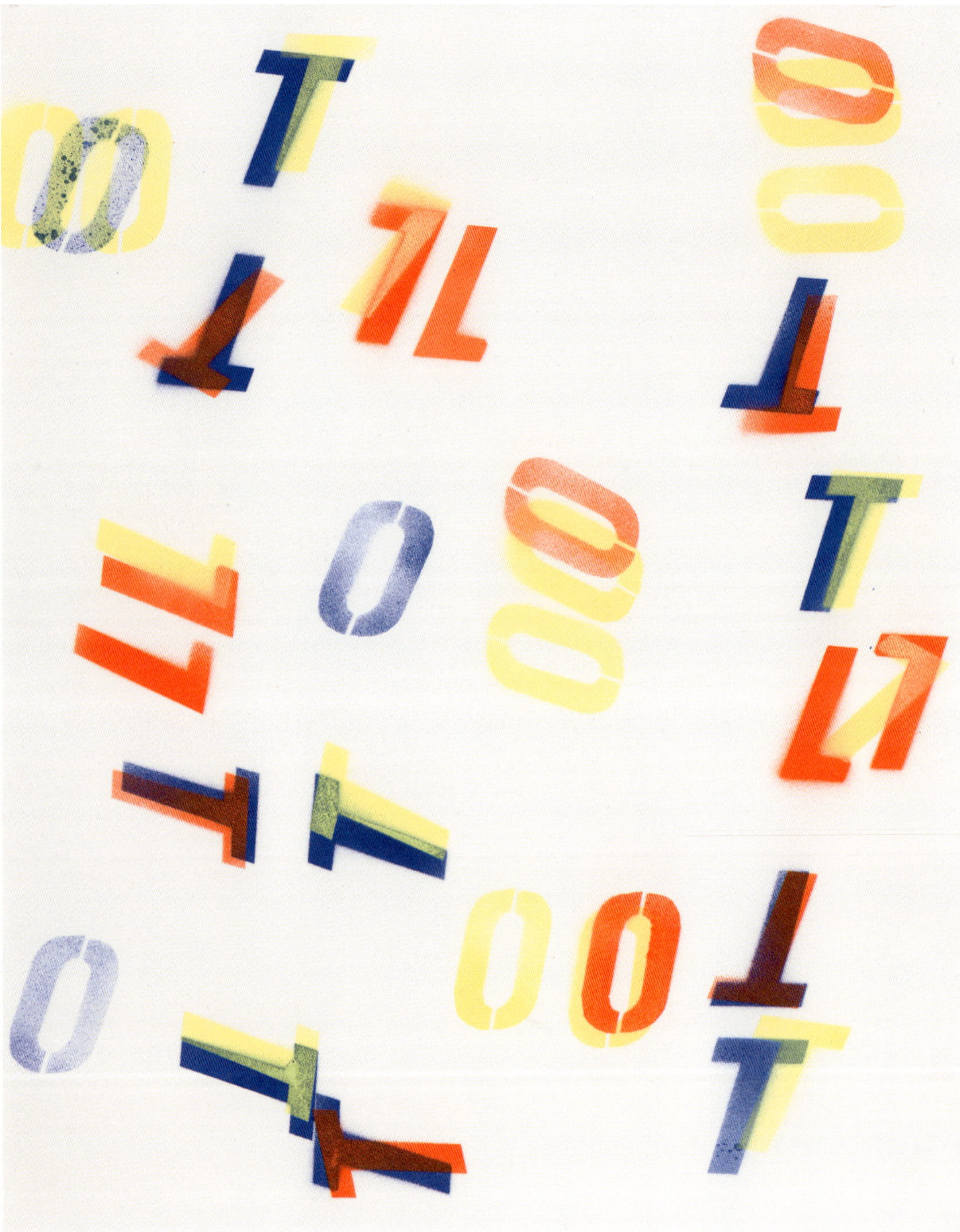

**1988/89.3**
Entwurf zur Wandgestaltung,
Schablonengraffiti auf Büttenpapier, 56 x 50 cm

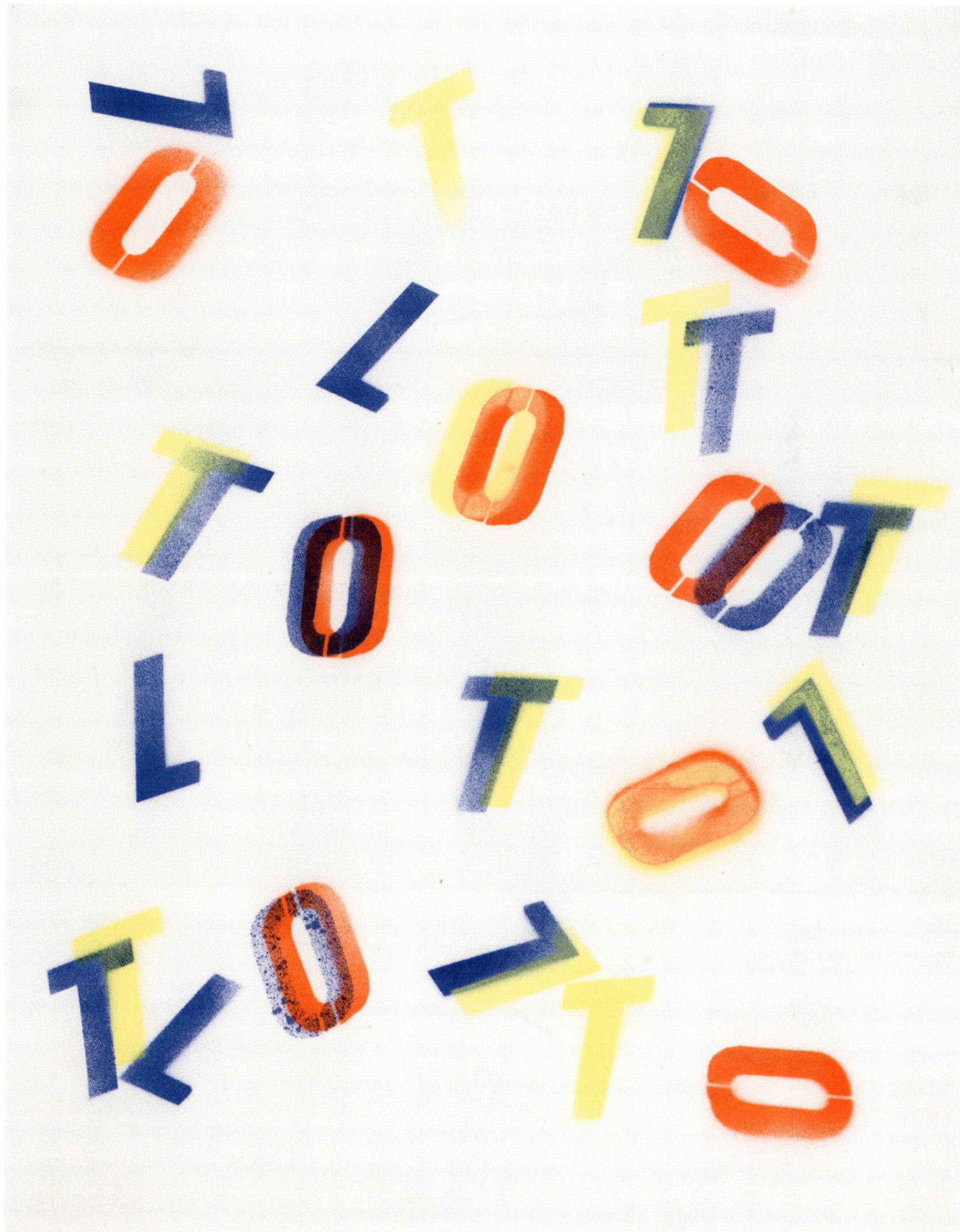

# Majolika
# Polizeidirektion Böblingen, realisiert 1989/90

**Polizeidirektion Böblingen, Talstraße 50, 71034 Böblingen**

**Wettbewerb, ausgelobt vom Landesbetrieb Vermögen und Bau Baden-Württemberg, Amt Ludwigsburg, zur Wandgestaltung des Erschließungskerns über vier Geschosse in der Polizeidirektion Böblingen. Bramke entwirft 1990 die Arbeit und lässt diese mit Keramikkacheln der Staatlichen Majolika-Manufaktur Karlsruhe ausführen und bleibt dabei im vorgesehenen Budget von 160 000 DM.**

Erdmut Bramke erhält 1989 den Auftrag, den mehrgeschossigen, durch filigrane Brücken charakterisierten Verbindungstrakt der Polizeidirektion Böblingen zu gestalten. Der Bau des Architekturbüros Brunnert, Mory, Osterwalder & Vielmo ist zentraler Teil des in den 1980er Jahren errichteten Behördenzentrums postmodernen Charakters. Um einen Platz sind Arbeitsamt, Finanzamt und Polizeidirektion angeordnet. Ein großdimensionierter, schräggestellter Portikus, der die Klinkerfassade des Dienstgebäudes im Material fortführt, überfängt den gläsernen Haupteingang mit großer Geste. Die Transparenz des Glastrakts wird durch eine Schleuse, die nur nach Voranmeldung passiert werden darf, etwas geschmälert. Die Schleuse durchschreitend, steuert man gleich auf den blau funkelnden Aufzugsturm zu. Das gegenüberliegende Band über den türkisblauen Rundstützen entgeht zunächst der Aufmerksamkeit. Drei Keramikbilder mit einer Größe von jeweils 290 x 670 cm und ein schmales Band im Erdgeschoss von 33 cm Höhe bei gleicher Länge ließ Bramke auf die gekurvte Wand applizieren. Glänzend blaue, quadratische Fliesen überziehen die Aufzugswand über vier Geschosse und stoßen direkt an den in Sichtbeton ausgeführten Aufzugsschacht. Die zunächst monochrom wirkende, blaue Fläche von 290 cm Höhe wirkt lebhaft durch unterschiedlich stark aufgetragene Glasur, die im Hand-Spritzverfahren entstand. Beim näheren Herantreten bemerkt man das Netzwerk kleiner, haarfeiner Risse. Dieses Krakelee verstärkt den bewegten Effekt der blauen Fläche, die eine wolkige Tiefe suggeriert. Durch die Gestaltung der gegenüberliegenden Wandflächen mit weißen, glatten Fliesen gleichen Formats entsteht Spannung. Breite gelbe, blaue und grüne Pinselstriche auf den monochromen weißen Fliesen sind ohne erkennbares Schema auf der Fläche verteilt und wirken wie zufällig gesetzt. Diese Leichtigkeit entspringt einer präzisen Planung: Die breiten, geraden Pinselspuren sind nicht auf die fertig geflieste Wand aufgemalt, wie auf den ersten Blick zu vermuten wäre, sondern sind in Tiefglasurtechnik mit flüssiger Glasur auf die ungebrannten, glasierten Fliesen aufgetragen. Der gestische Duktus mit ausgefransten Rändern und sichtbarer Pinselspur steht im Kontrast zum gleichförmigen Weiß des Untergrunds und in seiner persönlichen Handschrift auch zum anonymisiert wolkigen Auftrag der Glasur auf der gegenüberliegenden blauen Wand. Zahlreiche Vorarbeiten, von lockeren Zeichnungen auf Papier und Folie über vermaßte Zeichnungen, Collagen und Materialversuchen in Majolika, zeugen von der minutiösen Vorarbeit Bramkes.

Die Pinselstreifen auf den großen, weißen Flächen variieren je nach Geschoss. Ebenso verändert sich der Farbeinsatz je Keramikbild: Zum Blau, das in allen Stockwerken präsent ist, setzt Bramke gelbe und grüne Akzente. Im untersten Geschoss finden sich blaue, grüne und gelbe Farbbalken, im Unterzug des Eingangsbereichs blaue und gelbe, im 1. Obergeschoss nur blaue, und im 2. Obergeschoss sind zu den blauen Pinselstrichen gelbe gesetzt. Jedes der Wandbilder ist rechts unten mit der eingebrannten Signatur „E. Bramke 1990“ signiert. Nach der Intention der Künstlerin ist jedes Keramikbild als einzelnes Kunstwerk zu betrachten, und in der Geschossabfolge formiert sich die Serie. In dieser Werkphase arbeitet Bramke häufig mit Reihen, die Variationen eines Themas sind.

Kunst-am-Bau-Projekte in Keramik waren besonders in den 1920er und 1950er Jahren beliebt. Die Staatliche

**1989/90.1**
Entwurf auf Millimeterpapier für das 2. Obergeschoss, Maßstab 1:40

Majolika-Manufaktur Karlsruhe erfährt eine Renaissance, unterstützt durch das Finanzministerium Baden-Württemberg, das sich eine Beauftragung der Majolika-Manufaktur bei staatlichen Gebäuden wünschte. Die 1901 gegründete Majolika-Manufaktur erhielt bereits 1909 eine Abteilung für Baukeramik, in der auch externe Künstler ihre Entwürfe verwirklichen konnten. Die Wahl des Materials erweist sich als glücklich, denn auch nach 30 Jahren stehen die Wandbilder wie am ersten Tag unversehrt und glänzend da und entfalten jeden Tag für die Mitarbeiter der Behörde einen inspirierenden Reiz. So schreibt Brigitte Seyffer-Schmid 1995 (S. 74) treffend: „Obwohl das Material kühl und nüchtern wirken müßte, entsteht auf geheimnisvolle Weise eine Harmonie aus dem warmen Leuchten der Farben und weißer Klarheit.“

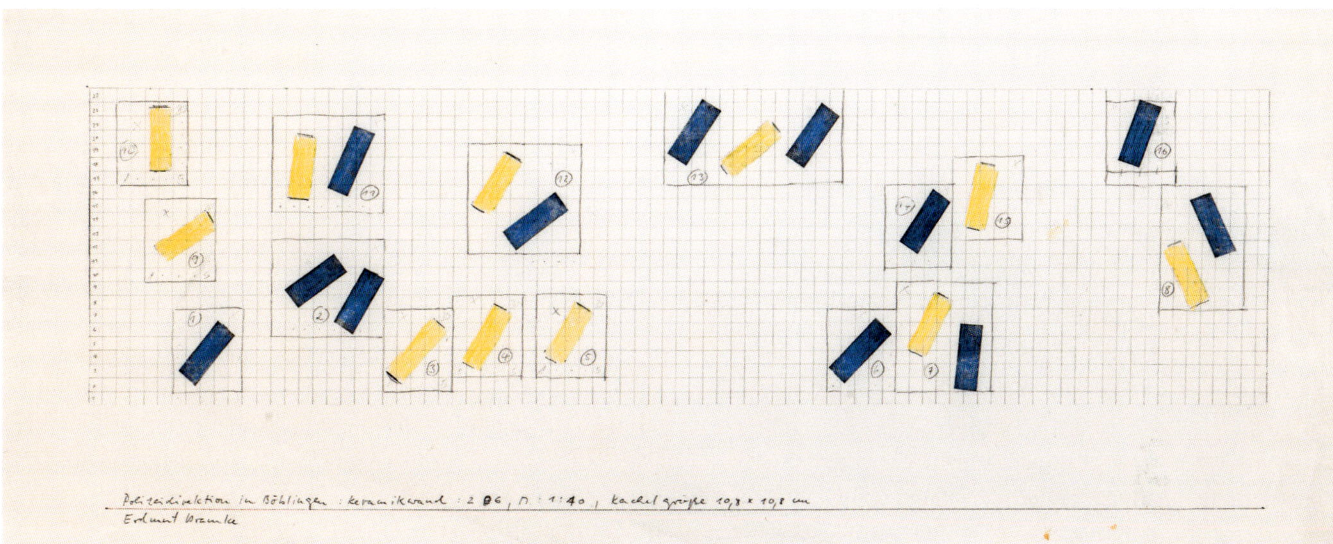

**1989/90.2**
Detail: Pinselstrich in Blau

**1989/90.3**
Signatur

**1989/90.4**
Aufnahme über zwei Geschosse,
1. und 2. Obergeschoss

**1989/90.5**
Wandansicht im 2. Obergeschoss mit Aufzugswand

**1989/90.6**
2. Obergeschoss

# Leiser Klang
# Treffpunkt Rotebühlplatz, Stuttgart, realisiert 1989–91

**Treffpunkt Rotebühlplatz, Rotebühlplatz 28, 70173 Stuttgart**

**Für den Treffpunkt Rotebühlplatz wird im Januar 1989 vom Hochbauamt der Landeshauptstadt Stuttgart ein beschränkter Realisierungswettbewerb mit einem Wettbewerbshonorar von 5000 DM ausgeschrieben. Gegenstand ist die Wandgestaltung im Inneren, die die Farbgebung im offenen Bereich des 1. und 2. Obergeschosses umfasst. Beim Wettbewerb setzt sich Erdmut Bramke gegen Fritz Fuchs, Gerd Neisser und Heidemarie von Wedel durch. 1991 findet die Abnahme der durch Bramke konzipierten und von einer Fremdfirma ausgeführten Wandflächen statt. Die Planung sieht 3 bis 4 mm tiefe Bohrungen mit einem Durchmesser von 10 cm vor, die sich, ausgemalt mit farbigem Hochglanzlack, zu großen Wandbildern formieren. Gezahlt wurden ein Künstlerhonorar von 40 000 DM und die Ausführungskosten von 85 000 DM.**

Während des Kolloquiums zum Bauprojekt mit dem Architekten Horst Haag am 10. Februar 1989 markiert Erdmut Bramke zwei Passagen des Ausschreibungstexts besonders: „Das architektonische Gesamterscheinungsbild wird sich, bei Betonung des Werkstattcharakters, sehr zurückhaltend geben, um den vielfältigen Aktivitäten Raum zu lassen." Und: „Dieser Kulturtreffpunkt wird also von morgens bis in die späten Abendstunden belebt und damit Zielpunkt u. Ausstrahlungsfeld zugleich für den Rotebühlplatz und die Innenstadt sein." (Wettbewerbsunterlagen, S. 2.) Im Vorwort zur Broschüre der Stadt zur Eröffnung des Treffpunkts Rotebühlplatz bescheinigt der damalige Oberbürgermeister Manfred Rommel dem Bau eine „unprätentiöse Architektur ..., die sich weniger, klar definierter Gestaltungsmittel bedient ..." (Kulturamt 1990, S. 30.)

So reagiert Bramke in ihrer Ideenskizze auf den Werkstattcharakter der Architektur, die nüchterne sichtbare Stahlbetonkonstruktion und im besonderen auf den grauen, porösen Betonwerkstein. Ihre sehr zurückhaltende Intervention setzt dennoch intensive glänzende Farbakzente. Die Künstlerin besinnt sich auf eine Technik, die sie für ihre Arbeit für das Polizeirevier Kornwestheim gefunden hatte, um die Arbeit lichtbeständig zu gestalten.

Im Erläuterungsbericht beschreibt sie ihr Vorhaben: „Mein künstlerischer Beitrag will präsent aber nicht dominant sein, d.h., daß er das architektonische Erscheinungsbild des Rotebühlzentrums aufnimmt: Werkstattcharakter – zurückhaltend ...: wie die Architektur lebt auch meine Arbeit von ‚armen' Materialien. Farbige Lackpunkte spielen auf stumpfen, porösen Grau der Betonwerkstein-Wände; lebendige Flächen kennzeichnen drei markante Orte, den Saal und die zwei Mehrzweckräume. Die Punkte werden frei verteilt oder auch auf den Fugengittern der Wände geometrisch angeordnet (Kreise, Rechtecke, Dreiecke, Kreuze, etc.). Meine Arbeit setzt einen farbigen, leisen Klang in die klare, funktionale Architektur."

Eine Fülle von Vorarbeiten, verschiedene Entwurfsstadien und Farbproben, lagern im Bramke-Atelier und dokumentieren die sehr aufwendige, genaue Planung. Gerasterte Kopien simulieren die einzelnen Wandabschnitte. Verschiedene Farbkombinationen werden ausprobiert. Zunächst malt Bramke die Kombinationen mit Farbstiften, wobei der Bleistift für Weiß steht, in einer unglaublichen Akribie auf die kopierten Kästchen, die das Fugenraster abbilden. Im mit farbigen Lackpunkten betupften Plan sind die zwei übereinanderliegenden Wandabschnitte mit der verdichteten Mitte (1) und dem Kreuz (2) zu sehen.

Die ausgeführten Arbeiten befinden sich im 1. und 2. Obergeschoss auf der westlichen Gebäudeseite. Die erste Treppe links direkt beim Haupteingang führt am Restaurant vorbei hinauf, und hier tauchen auf der rechten Seite die ersten Zeichen auf. Gelbe Punkte, jeweils einer pro Stein, begleiten den Aufstieg und nehmen das Gelb der Handläufe und weiterer Installationen auf. Über dem Betonträger der Geschossdecke setzt sich die Gestaltung der Punkte fort. Um einen weißen, zentralen Punkt kreisen in verschiedenen Positionen ein roter, gelber und hellblauer Punkt. Unglaublich, wie viele verschiedene Kombinationen bei immer gleichen Farben möglich sind. Allein diese Wandfläche von 510 Steinen ist mit 2550 Löchern versehen. Sich zum offenen Luftraum wendend, parallel zum Gebäudeflügel, wird ein Punktebild in Weiß, Gelb, Hell- und Dunkelorange sichtbar. Im Unterschied zu den Wänden des Treppenaufgangs werden die Punkte an diesem Wandstück von imaginären Bildgrenzen eingehegt. Blockhafte Ballungen in Orange unterstreichen die Assoziation von Konfettiregen.

Jede Wand erfährt eine eigene Gestaltung, die großen Flächen lässt Bramke ohne Abgrenzung nach oben und unten mit einem All-Over-Punkteregen ohne Bildgrenzen versehen. Beherrschend ist in diesen Wandfeldern eine in alle Richtungen offene, die Fläche ausfüllende Farbstruktur mit unterschiedlichen Farben, Farbzusammenstellungen, Farbverläufen, Farbansammlungen und sich daraus ergebenden großflächigen Figurationen. Bei der großen Längswand des 1. Obergeschosses treten bei genauerer Betrachtung sich zu einem liegenden Kreuz verdichtende Punkte auf. An der Längswand des 2. Obergeschosses lässt sich die Bewegung von einem lauteren, dunkleren dichten Kern zu den helleren und ausgedünnten Rändern beobachten. Oder genau umgekehrt von den dichten Rändern dünnt sich die Punkteanzahl zur Mitte aus, wobei die Farben wechseln. Das Erscheinungsbild zur Halle ist äußerst zurückhaltend. Auf den ersten Blick ist keine hierarchische Gliederung festzustellen, aber bei genauerem Hinsehen sind Zentrierungen zu erkennen. Die Arbeiten haben trotz ihrer formalen Strenge einen sehr spielerischen Charakter, der zum intensiven Schauen einlädt.

**1989–91.2**
Vorzeichnung mit Lackpunkten für Übungsraum

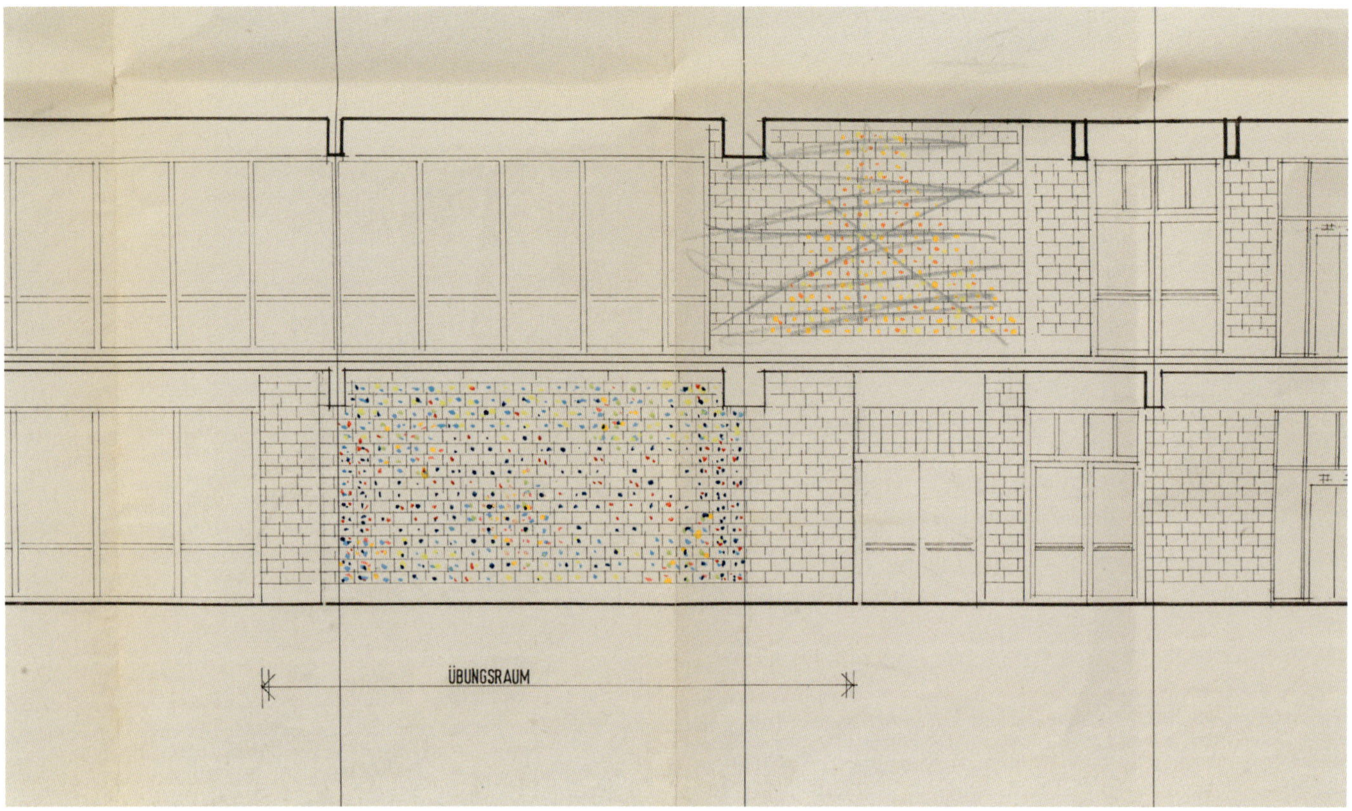

**1989–91.3**
Vorzeichnung mit Lackpunkten für Mehrzweckraum

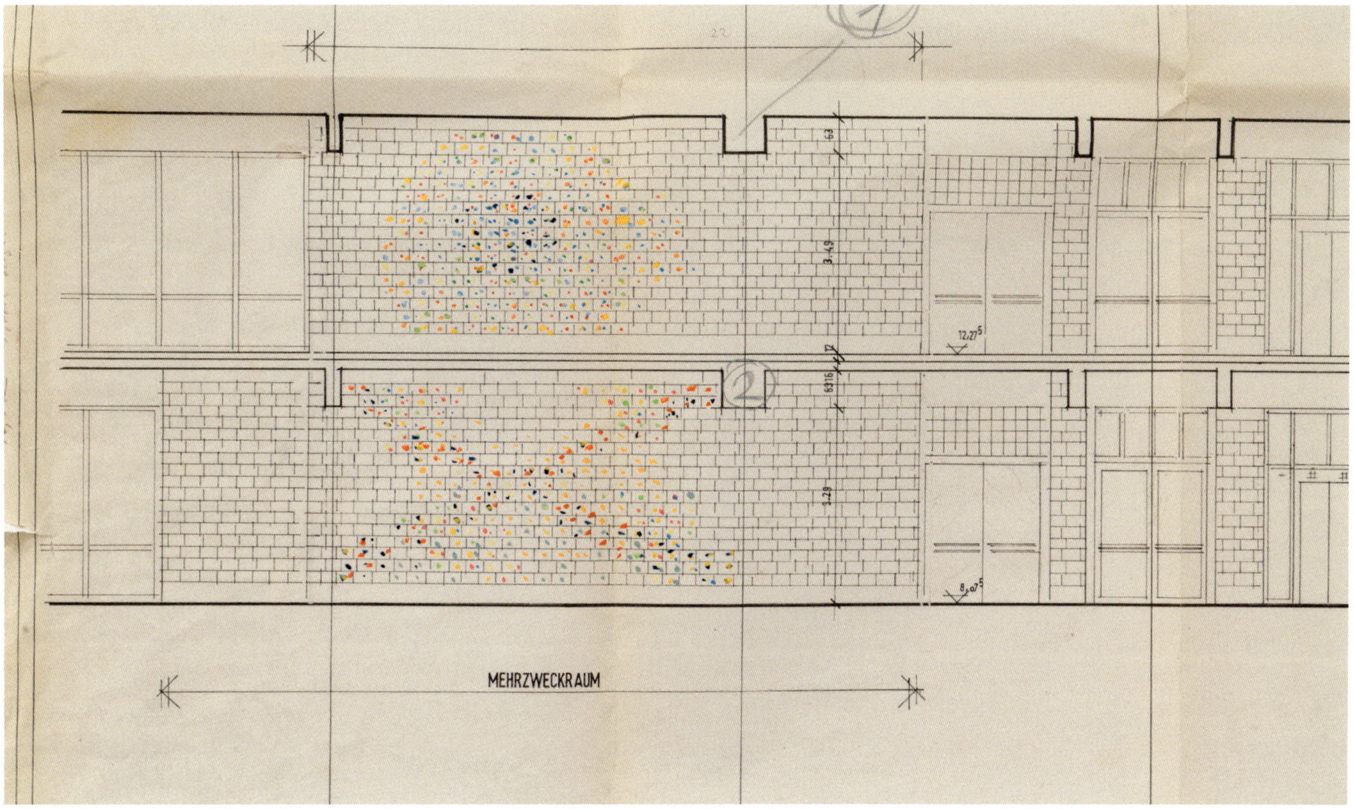

**1989–91.4**
Detail des Wandbilds

**1989–91.5**
Detail des Wandbilds

**1989–91.6**
Wand im westlichen Treppenaufgang

**1989–91.7**
Längswand auf der Ebene 1

# Glasmalerei
# Parkheim Berg, Stuttgart, Wettbewerbsbeitrag, 1993

**Parkheim Berg, Ottostraße 10, 70190 Stuttgart**

**Das Hochbauamt der Landeshauptstadt Stuttgart lobt die Entwicklung eines Farb- und Gestaltungskonzepts für alle Gemeinschaftsbereiche des Neu- und Umbaus des Alten- und Pflegeheims aus. Erdmut Bramke reicht ihren Beitrag zum Wettbewerb mit Plänen und bemalten Glaskacheln am 28. April 1993 ein. Zur Konzeption und Umsetzung der Gestaltung der Flurbereiche durch Glasmalerei und Anstrich veranschlagt die Künstlerin Kosten von 132 000 DM. Die Realisierung wird dem Künstler Platino übergeben.**

Der Anfang der 1990er Jahre realisierte Bau des Architekturbüros Fiedler Aichele entsteht in einer Zeit der zunehmenden Auseinandersetzung um das Thema Bauen für Kranke und Alte (Health-Care Design). Diese seit den 1970er Jahren vorwiegend im angelsächsischen und skandinavischen Sprachraum wachsende Bewegung hinterfragt die Wirkung von Architektur und Innenarchitektur auf das Wohlbefinden oder gar die Heilung der Bewohner und Bewohnerinnen. Bramke ist sensibilisiert für das Thema (siehe Einleitung), und diese Wettbewerbsbeteiligung ist bereits ihre dritte für Bauten der Gesundheitsversorgung.

Im Längsschnitt der Flure im Maßstab 1:50 für das Parkheim Berg malt sie mit pastellfarbenen Farbstiften Wandfarben von Erdfarben über Lindgrün bis Blassgelb ein. Jedes Geschoss erhält seine eigene Farbe. Die Flure akzentuiert sie mit aufgemalten, einzelnen farbigen Quadraten oder kombiniert diese zu Farbblöcken. Im Teilausschnitt im Maßstab 1:10 des Gebäudeaufrisses arbeitet sie zur besseren Anschauung mit ausgeschnittenen 2 x 2 cm großen Quadraten, die sie auf je zwei Blöcke pro Etage zusammenfügt. Hier wählt sie klare, kräftige Primärfarben und arbeitet mit starken Kontrasten. Ein klares, glänzendes Rot dominiert zum Beispiel einen Block aus 4 x 3 Quadraten, in denen jeweils zwei bis vier grüne Farbbalken auftauchen. Varianten der Glasplatten zeigen intensives Blau mit gelben oder im anderen Fall mit roten Akzenten. Auf dem Plan sind auch Quadrate aufgeklebt, die mit vielfarbigen Punkten versehen sind. Von diesen finden sich aber keine unter den ausgeführten Glasplatten. Der Entwurf sieht die glatte, glänzende Oberfläche von Glas vor, die in den erhaltenen Beispielen ein intensives Eigenlicht entwickeln.

**1993.1**
Aufriss im Maßstab 1:10, beklebt mit bemalten Quadraten

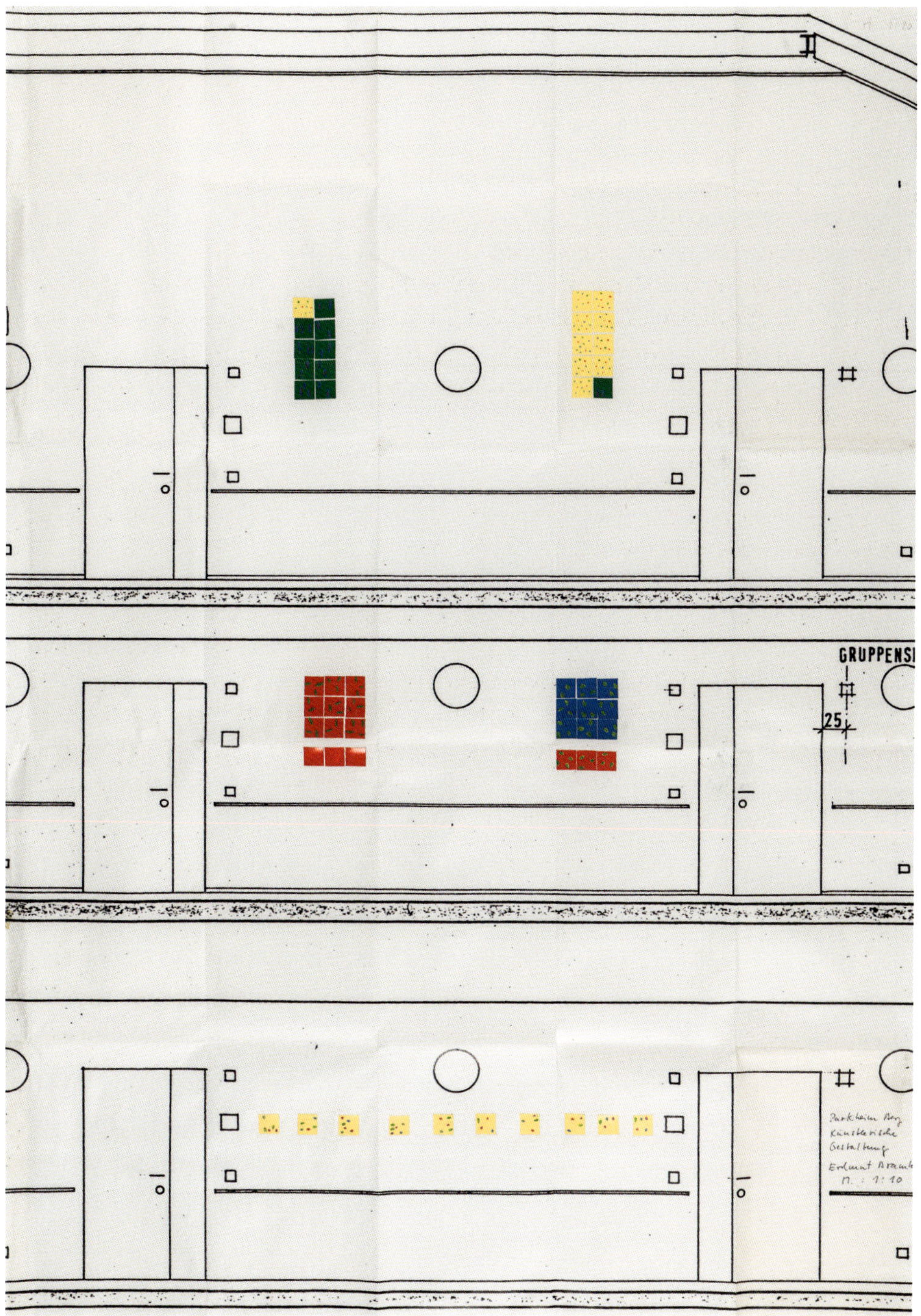

**1993.2**
Glaskachel in Blau mit Gelb, 20 x 20 cm

**1993.3**
Glaskachel in Rot mit Grün, 20 x 20 cm

# Konfetti-Fries
# Mineralbad Cannstatt, Stuttgart, realisiert 1994

Mineralbad Cannstatt, Sulzerrainstraße 2, 70372 Stuttgart

**Gestaltung der Rückwand des Ruheraums. Der Fries ist ohne Wettbewerb auf Einladung des Architekten Wilfried Beck-Erlang vor dem 17. Mai 1994 entstanden: Sieben 50 x 50 cm große, mit Lascaux-Acrylfarben und Transparentlack bemalte Platten aus Einscheiben-Sicherheitsglas (ESG) wurden in ca. 2 m Höhe wandfest angebracht.**

Bramke besucht den Rohbau und macht sich ein Bild von den Lichtverhältnissen und Proportionen, bevor sie ans Werk geht. Das mit viel Glas gebaute und mit zahlreichen Wassermetaphern von Helmut Pizzini gestaltete Bad fordert Transparenz, Wasserassoziationen und Leichtigkeit. Für diese Kunstintervention im Badebereich, ein neues Thema für Bramke, experimentiert die Künstlerin mit pointillistischer Glasmalerei. Dem endgültigen Ergebnis gehen Farb- und Materialstudien voraus. Das Probestück, eine vom Sponsor gelieferte, 50 x 50 cm große und 6 mm dicke Glasplatte mit vier Bohrlöchern, befindet sich im Atelier, wie auch zwei kleinere, nur 2 mm dicke Platten mit farbintensiven vielfarbigen, vorwiegend roten, orangefarbenen und gelben Punkten. Verschiedene Mischungen von Acrylfarben, Transparentlack und Lascaux Impasto Gel ermöglichen unterschiedliche Glanzgrade und machen verschwindend dünne Lasuren sichtbar. Auch starke Strukturen lassen sich erreichen und je nach Verdünnung mit Wasser wolkige Effekte herstellen. Sich überlagernde Punkte, vorwiegend blaue Töne, aber auch rote, orangefarbene, ockerfarbene und wenige grüne Akzente erinnern an die Serie der Fingerbilder, wie beispielsweise die Papierarbeiten von 1994 (*WZ* 2, S. 373). Die Farbpunkte wirken wie eingebrannt, und bei Berührung erspürt man den aufgesetzten Farbauftrag, der recht erhaben ist.

Der im Bad angebrachte Fries mit sieben Variationen tanzender Punkte erweckt den schwirrenden Effekt von Lichtspiel und Spiegelungen auf dem Wasser. Alle sieben wie aus sich selbst herausleuchtenden Scheiben sind vielfarbig und haben eine jeweils andere Farbstimmung. Blau, Rot oder Gelb in verschiedenen Intensitäten und Helligkeitsgraden wechseln sich ab und evozieren einen Farbenrausch.

**1994.1**
Siebenteiliger Fries im Ruheraum des Mineralbads Cannstatt

**1994.2**
Hinterglasmalerei blautonig,
Probestück aus dem Atelier, 50 x 50 cm

**1994.3**
Hinterglasmalerei gelbtonig, 40 x 40 cm

# Kunst in den Fluren des Palas
# Regierungspräsidium Stuttgart, realisiert 1995/96

Regierungspräsidium Stuttgart, Ruppmannstraße 21, 70565 Stuttgart

**Das 1993 von Helmut Jahn entworfene Verwaltungszentrum in Stuttgart-Vaihingen ist ein reich mit Kunst am Bau ausgestattetes Gebäudeensemble. 1995 lobt der Landesbetrieb Vermögen und Bau Baden-Württemberg, Amt Stuttgart, den Wettbewerb zur Gestaltung der Erschließungszonen des Gebäudeensembles aus. Erdmut Bramke erhält den Auftrag zur Gestaltung des Flurbereichs der Ebene 5 und führt den neunteiligen Zyklus in 202 x 94 cm großen Gemälden in Acryl auf Leinwand 1996 aus.**

Collagen in den Maßen 10 x 110 cm dokumentieren neben einigen Skizzen den Entwurfsprozess für die Gestaltung der 24 m langen und 2,55 m hohen ununterbrochenen Wandfläche des Flurs. Zunächst experimentiert die Künstlerin mit einem die geschwungene Wand entlanglaufenden horizontalen Band, bis die Idee geboren war, Bildfelder direkt gegenüber den Türen der Büros zu platzieren. Der Flur ist von keinem Sichtpunkt aus als Raumkörper zu erfassen, und so ergibt die punktuelle Hängung Sinn. In einer Skizze zeichnet Bramke den gebogenen Gang nach und markiert die Wege der Nutzer und Nutzerinnen. Im nächsten Schritt mit weiteren drei Entwürfen geht es um die Gestaltung der einzelnen gelbtonigen Bildfelder. Im Maßstab 1:30 klebt Bramke, gemäß der Anordnung der Türen auf der gegenüberliegenden Flurseite, gelben Farbkarton auf einen langen Pappstreifen und bemalt diesen mit vielfarbigen Pastellstiften. Sie arbeitet mit vertikalen oder horizontalen Farbstrichen verschiedener Intensität, Länge und Farben. Hier handelt es sich nur um skizzenhafte Ideen, die die Gemälde in keiner Weise vorwegnehmen.

Felix Reuße, der im Dialog mit Erdmut Bramke stand, beschreibt die Bilder: „Alle neun Arbeiten bauen auf dem gemeinsamen Farbakkord Gelb-Orange-Grün-Blau auf, wobei der Gelb-Orange-Anteil dominiert. Allerdings klingen die Bilder je nach ‚Anschlag‘ und ‚Vibrato‘ ganz unterschiedlich, da nicht nur die Farbanteile differieren, sondern auch durch Überlagerung bzw. optische Mischung der dünnflüssigen und daher nur wenig deckenden, transparenten Farben immer wieder andere nuancenreiche Zwischentöne entstehen. So eröffnet z. B. ein luftig gefügtes farbliches Gewebe kontrastreiche Durchblicke ins reine Blau, während eine sehr dicht gefügte Struktur die Farben stärker ineinander übergehen läßt. Farbe und Struktur sind somit letztlich untrennbar miteinander verbunden: Die Farbe ist nicht auswechselbares Attribut der Struktur, sondern wird von dieser hervorgetrieben. Dies verleiht den Bildern die ihnen innewohnende pulsierende Lebendigkeit und Frische, da hier im Betrachten das Entstehen von Farbe nachvollzogen werden kann.“

Die an der langen gebogenen Wand exakt gegenüber den Türen platzierten Werke sind im besonderen Maße erfahrbar für die Nutzer der Büros. Sobald sie aus der Bürotür schauen oder den Gang betreten, erfassen sie zunächst nur die große gelbtonige Fläche, auf die sie zugehen. Felix Reuße beschreibt 1999 dieses Phänomen wie folgt: „… es handelt sich um imaginäre Farbräume, die visuell erkundet werden wollen, und in dem meditativen bzw. bewußten Akt des Sehens Möglichkeiten der Rekreation, der Selbstfindung und des Selbstvergessens eröffnen.“

Dieser Tiefensog wird durch die direkte Anbringung der Leinwände auf der Wand, mit der sie so verschmelzen, verstärkt. Handschriftliche Notizen der Künstlerin protokollieren die komplizierte Montage der Bilder in Rücksprache mit befreundeten Künstlern. Die im Atelier entstandenen Gemälde schneidet Bramke aus den Keilrahmen. In weiteren Schritten werden Wand und Leinwände bearbeitet, die dann direkt mit Leim auf die Wand aufgebracht werden. Durch das subtile Eingehen auf Nutzerverhalten und architektonische Begebenheiten entsteht eine direkte Interaktion zwischen Kunst und Architektur. Wie schnell diese durch acht-

**1995/96.1, 1995/96.2, 1995/96.3, 1995/96.4**
Vier Entwürfe zur Wandabwicklung.
Farbstift auf gelbem Karton, jeweils 10 x 110 cm

losen Umgang zerstört werden kann, zeigt der Eklat um den Tag der offenen Tür 1999: Die weißen Flächen zwischen den Bildern Bramkes waren von der Behörde mit Aquarellen anderer Künstler dekoriert worden. Bramke erklärt, dass auch die leeren Wandflächen zum Konzept ihrer Arbeit gehören. Nach langen Verhandlungen kann sie ihren Standpunkt durchsetzen und notiert: „Veränderungen in Zukunft nur mit meiner Zustimmung."
Die Künstlerin wollte nicht Wände dekorieren, sondern behauptete selbstbewusst ihren Standpunkt als Künstlerin.

**1995/96.5**
Drei Tafeln im Atelier der Künstlerin
in der Reitzensteinstraße 15, Stuttgart

**1995/96.6**
Flur der Ebene 5 im Regierungspräsidium Stuttgart

**1995/96.7**
Flur der Ebene 5 im Regierungspräsidium Stuttgart

**1995/96.8**
Flur der Ebene 5, Blick durch die Tür

# Tanzendes Band
# Berufsakademie Villingen-Schwenningen, Wettbewerbsbeitrag, 1996

**Duale Hochschule Baden-Württemberg, Friedrich-Ebert-Straße 30, 78054 Villingen-Schwenningen (ehemals Berufsakademie)**

**Die Gestaltung einer Wandfläche im Erdgeschoss des Neubaus wird durch einen privaten Bauträger mit einem Budget von 100 000 DM ausgelobt.**

Zwei Alternativentwürfe lassen sich aus einer ersten, zweigeteilten Ideenskizze ableiten. Der im dunkleren, graublau gefassten, oberen Teil des Aquarells streut die dichter gesetzten goldgelben Pinselpunkte breiter. Im helleren, unteren Teil hingegen konzentriert Bramke die getupften Pinselpunkte mehr auf einer Linie. In den Grundriss klebt sie auf der Höhe der Hörsäle einen Pappstreifen mit aufgemalten Quadraten ein, die das tanzende Band abbilden sollen, gemäß ihrer Entwurfsidee: „Thema meiner für den Neubau der Berufsakademie in Villingen-Schwenningen entwickelten Arbeit ist die von den Architekten vorgesehene ‚gelbe Wand'. Ich übernehme die Farbe und **variiere** sie auf 30 x 30 cm großen Leinwandstücken. Diese Leinwände werden an einer imaginären Linie – Augenhöhe – direkt auf die Wand geklebt. Es entsteht so ein lebendiges, [tanzendes in handschriftlichem Entwurf, später nicht aufgenommen] **rhythmisches** Band." [Hervorhebungen im Original.]

Der eingereichte Wettbewerbsbeitrag im Maßstab 1:10 und in den Maßen 30 x 60 cm zeigt auf einer blaugrau grundierten Holzplatte eine eindeutige horizontale Konzentration der farbigen Einheiten. 15 mit Textilkleber aufgeklebte, gelbtonige 3 x 3 cm große Leinwandquadrate verdeutlichen die Idee „einer imaginären Linie" auf Augenhöhe. Die Idee, die Leinwandquadrate über die gesamte Platte zu verteilen, wie es auf der nicht eingereichten Arbeitsprobe in den Maßen 30 x 40 cm zu sehen ist, verwirft Bramke.

Die Verteilung der gelbtonigen Leinwandstücke mag verschiedenen Mustern folgen, aber das tanzende Element entsteht durch die augenscheinlich von oben herabtrudelnden Quadrate, die wie bei einer Momentaufnahme mitten in der Bewegung fixiert werden und jeder regulären Hängung zuwiderlaufen. Durch die von den Architekten vorgesehene „gelbe Wand" konnte Erdmut Bramke an ihre Arbeit für das Regierungspräsidium Stuttgart anknüpfen, die sie im Jahr zuvor geschaffen hatte. Waren dort große Leinwände in Korrespondenz mit der Architektur bestimmend, fragmentiert sie hier diese gelben, undurchdringlichen Farbräume zu Farbsplittern und erreicht so eine große Dynamik.

**1996.1.1**
Erste Ideenskizze. Büttenpapier, in zwei verschiedenen Grautönen, in durch Bleistift markierte Streifen eingeteilt, grundiert mit goldgelben Pinselpunkten

**1996.1.2**
Eingereichter Entwurf. Leinwandquadrate (3 x 3 cm)
auf graublau grundierter Holztafel (30 x 60 cm)

**1996.1.3**
Gesamtplan des Gebäudes mit eingeklebtem bemaltem Streifen

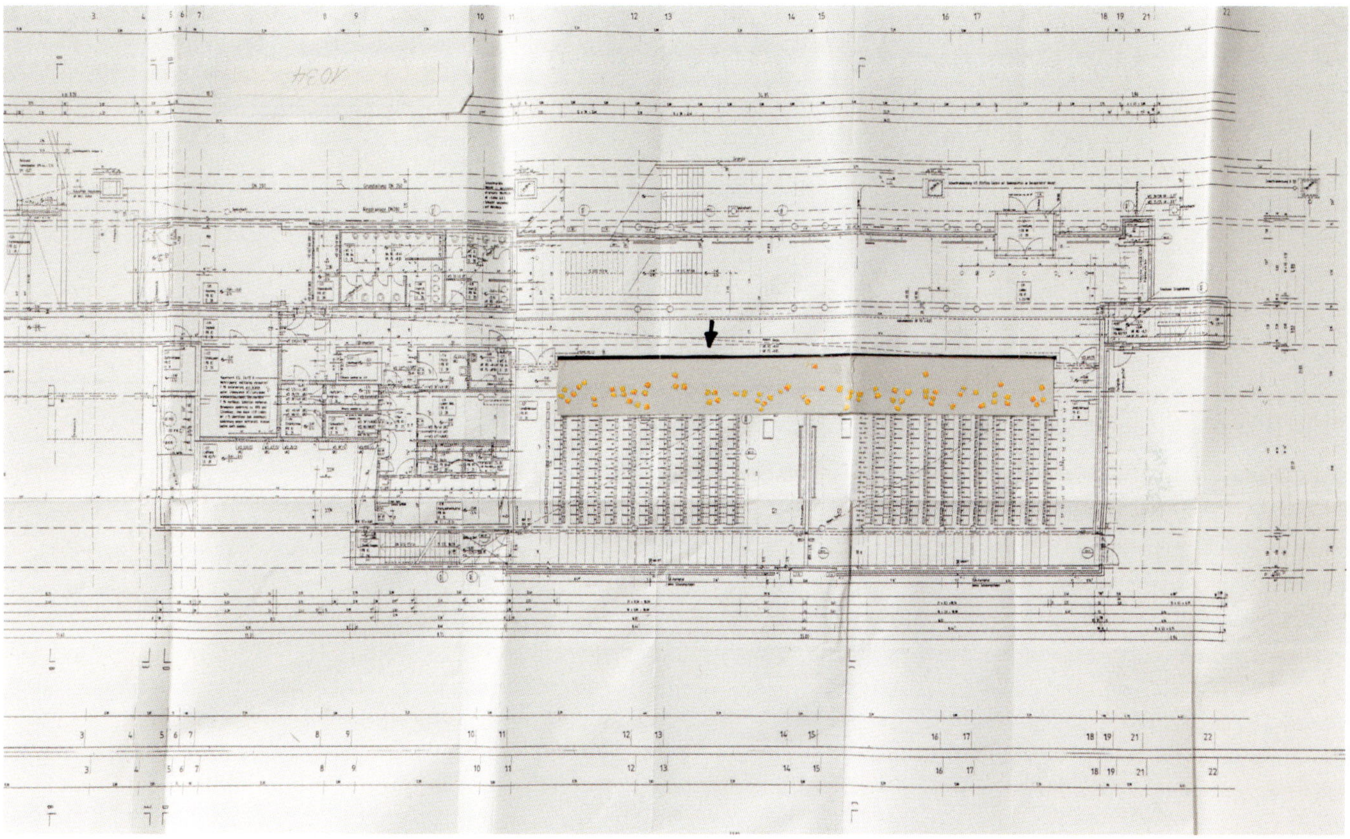

# Hinterglasmalerei
# Amtsgericht Sigmaringen, Wettbewerbsbeitrag, 1996

**Amtsgericht Sigmaringen, Karlstraße 17, 72488 Sigmaringen**

**Im Mai 1996 vom Finanz- und Justizministerium Baden-Württemberg, vertreten durch die Oberfinanzdirektion, Staatliches Vermögens- und Bauamt Ravensburg / Weingarten, ausgelobter Wettbewerb. Statt der Realisierung der mehrschichtigen Glasfriese kommt es zu einem Ankauf von zwei 90 x 300 cm großen Gemälden für die Sitzungssäle I und II.**

Für die Wandgestaltung des Amtsgerichts greift Erdmut Bramke wieder das Thema der Glasmalerei auf. Im Unterschied zum Fries für das Cannstatter Bad setzt sie hier nicht auf bunte Vielfarbigkeit, sondern beschränkt sich auf die drei Grundfarben. Sie setzt die mit je einer Farbe bemalten Glasscheiben hintereinander und verzichtet auf direkte manuelle Übermalungen, sondern erzeugt den gewünschten Effekt durch die Schichtung der Scheiben. Im Modell für den Wettbewerb montiert sie über einem mit blauen Farbinseln bemalten Karton eine Scheibe mit roten und eine weitere mit gelben Elementen übereinander. Im Archiv haben sich fünf mit Acrylfarbe bemalte Glasplatten gleichen Formats, zwei mit blauer, zwei mit gelber und eine mit roter Farbe, erhalten: Die Künstlerin experimentiert in der jeweiligen Farbe mit Pinselspuren in verschieden intensivem Farbauftrag, den sie streng voneinander absetzt. Im zweiten Versuch gleicher Farbe überlagern sich die Strukturen auf der Scheibe. Die Effekte, die sich durch die Überlagerungen ergeben, sind klar und doch nicht wirklich zu entziffern. Was liegt vorne, was dahinter? Wie wird der Farbraum erlebt? Verschiedene Studien dieser Art von Schichtungen finden sich im Atelier auch auf Acrylglas.

Bei der zweiten eingereichten Materialprobe überlagern sich die Farben wieder direkt zu wolkig ineinander verlaufenden Farbgebilden. Im oberen Hinterglasbild dominieren Rot und Gelb mit Anklängen von Blau und Grün, im unteren herrschen helles und dunkles Grün mit blauen und gelben Akzenten vor. Diese 15 x 20 cm kleinen, auf eine weiß grundierte Platte geschraubten Probeglasbilder leuchten aus sich heraus und verströmen ein feines Eigenlicht.

Keine der eingereichten Arbeiten wird realisiert, aber die Sitzungssäle werden mit zwei großen Gemälden auf Leinwand von 1997 ausgestattet. Diese querformatigen gelbgrundigen Bilder ziehen die Betrachter in einem Moment des Innehaltens in die Farbwelt Erdmut Bramkes hinein. Die Aufnahmen sind erst später ins Archiv gelangt und daher nicht im *WZ 1* abgebildet.

**1996.2.1**
Materialprobe 1. Acryl auf Glas, mehrschichtiges Modell

**1996.2.2**
Materialprobe 2a, eingereichter Entwurf, 2 Glasbilder.
Acryl auf Glas, 15 x 20 cm, montiert auf weiß grundierter Platte

**1996.2.2**
Materialprobe 2b, eingereichter Entwurf, 2 Glasbilder.
Acryl auf Glas, 15x20 cm, montiert auf weiß grundierter Platte

**1996.2.3**
Gemälde, o. T., 1997. Acryl auf Leinwand, 90 x 300 cm

**1996.2.4**
Gemälde, o. T., 1997. Acryl auf Leinwand, 90 x 300 cm

# Temporäre Kunstaktion
# Künstler machen Schilder für Rottweil, 1997

**An der Kunstaktion „Künstler machen Schilder für Rottweil“ zur Einweihung der Fußgängerzone Obere Hauptstraße in Rottweil im Juni 1997, beteiligen sich über 200 Künstler und Künstlerinnen. Schildrohlinge aus Aluminiumblech werden im Juni 1997 von den Veranstaltern, der Stadt Rottweil und dem Forum Kunst Rottweil, verschickt.**

Bramke nimmt an der Kunstaktion teil und fertigt elf Entwürfe für ein von ihr ausgewähltes rundes Schild an. Sieben davon auf schwarz grundiertem Untergrund und vier auf Pergamentpapier, alle in gestischer schneller Malweise mit sich überlagernden Tupfen und Pinselstrichen bemalt. Das in Lack ausgeführte Originalschild wird temporär aufgestellt und im November des Jahres versteigert.

**TK 1997.1**
Acryl auf Pergamentpapier

**TK 1997.2**
Acryl auf schwarz grundiertem Pergamentpapier

**TK 1997.3**
Erdmut Bramke vor ihrem Schild am 14. Juni 1997

# Blätter auf dem Trottoir
# Rieselfeld Freiburg, gewonnener, nicht realisierter Wettbewerb, 1997–2009

Künstlerische Gestaltung des Straßenbelags des neuen Freiburger Stadtteils Rieselfeld zwischen Käthe-Kollwitz-Straße, Berta-von-Suttner-Straße, und Walter-Benjamin-Straße

**Das ambitionierte, mit großer Bürgerbeteiligung begleitete Projekt der beginnenden 1990er Jahre hat zum Ziel, Wohnraum für 9000 Personen zu schaffen. Dem Wunsch der Bewohner und Bewohnerinnen nach künstlerischer Gestaltung kommt die Stadt Freiburg, vertreten durch den Ersten Bürgermeister, mit der Ausschreibung im Juli 1997 nach. Erdmut Bramke und Peter Odenwaeller werden mit Vertrag vom 17. November 1997 für die Gestaltung längs der Stadtbahntrasse, dem Rückgrat des Stadtteils, beauftragt. Die geplante Umsetzung scheitert, wie auch der zweite Anlauf von 2009.**

Immer neue Planungen und Machbarkeitsstudien kennzeichnen den Prozess der Gestaltung des Bodenbelags für den neuen Stadtteil. Zunächst führt Bramke Gespräche mit der Pflasterfirma Kronimus GmbH & Co. KG über recycelten Glaszuschlag im Bodenbelag, um die Straße zum Leuchten zu bringen. Der Glitzerasphalt, der heute, dreißig Jahre später, experimentell in einem Teilstück der Stuttgarter Olgastraße von der Stadt Stuttgart erprobt wird, war damals bereits vorstellbar, aber die Vorsicht vor Schadensreaktionen überwog, und so wählte die Künstlerin einen an gefallene Herbstblätter erinnernden Bodenbelag. Erhalten hat sich die Aufnahme des Modells, das eine breite, hellblaue Fläche mit weißen, großen Laubblättern zeigt, rundherum eingefasst von Bäumen. Die Idee war, auf dem Gehweg einige Spezialsteine mit Blattintarsien oder mit in Betonplatten kopierten Blattzeichnungen zu verteilen. Zum favorisierten Entwurf finden sich Vorzeichnungen der Blätter und Collagen zur Verteilung dieser auf dem Bodenbelag. Als auch diese Variante aus Sicherheitsgründen ausfiel –, die künstlichen Blätter wurden als nicht rutschfest genug beurteilt – entwickelte die Künstlerin eine weitere, leichter realisierbare und finanzierbare Alternative. Eine zweite Aufnahme zeigt einen Bodenbelag mit dem Schriftzug „MEER“. Diagonal eingesetzte dunklere Steine bilden die Schrift in einem hellen Belag. Im Unterschied zu allen anderen Entwürfen von Kunst am Bau von Erdmut Bramke spielt hier der Einsatz von Farbe eine untergeordnete Rolle.

**1997–2009.1**
Plan des Stadtteils Rieselfeld der Stadt Freiburg, Stadtplanungsamt

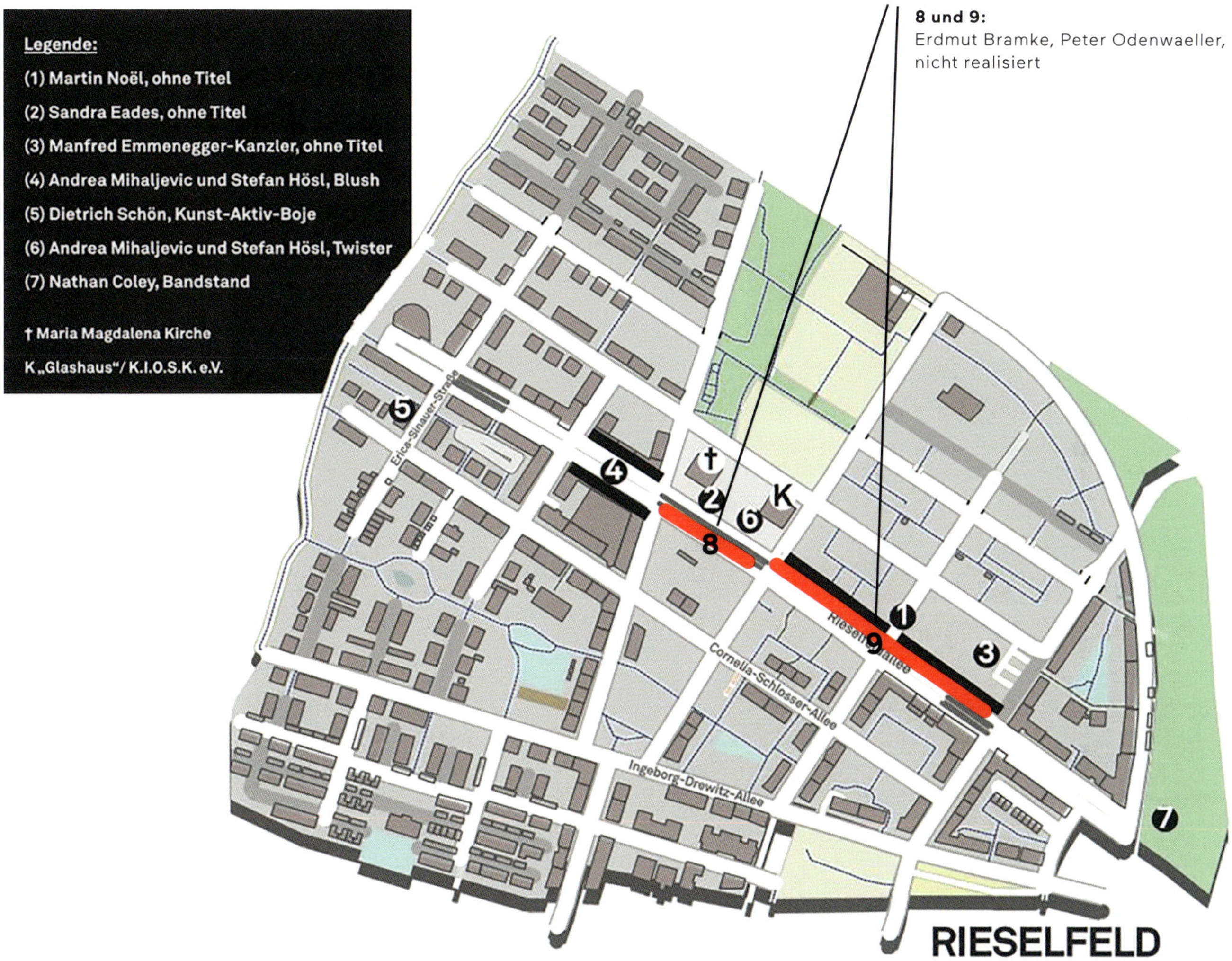

**1997–2009.2**
Modell mit Laubblättern zur Bodengestaltung im Stadtteil Rieselfeld

**1997–2009.3**
Collage für die Bodenarbeit

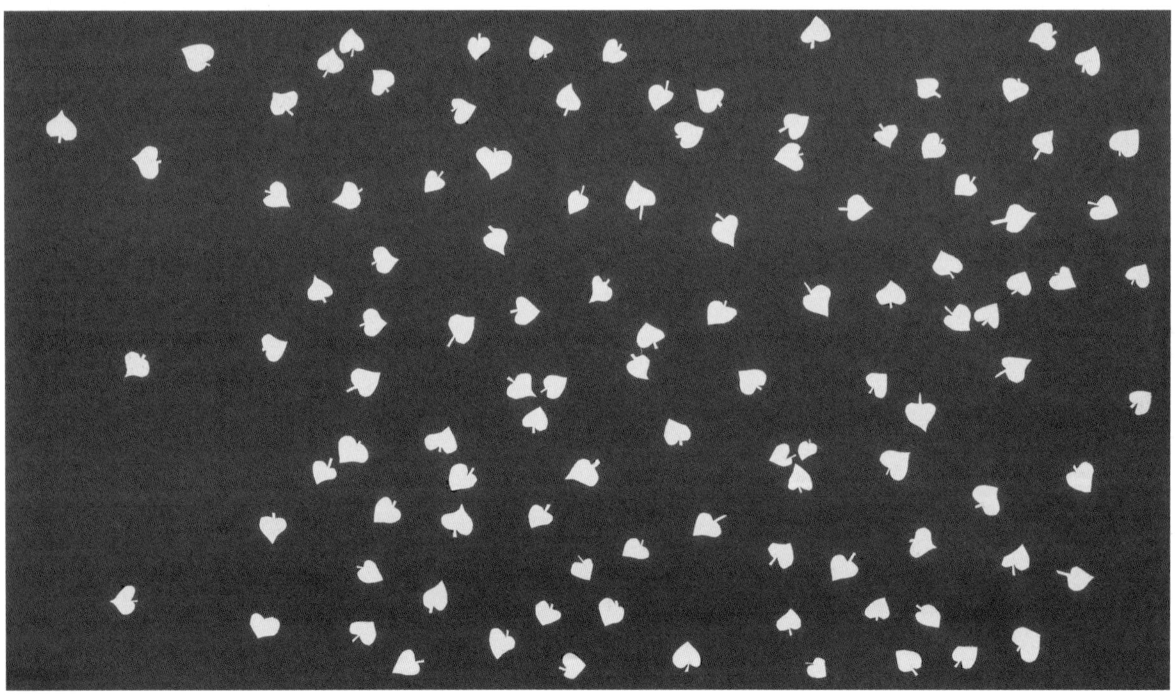

**1997–2009.4**
Entwurf für den Bodenbelag mit dem Schriftzug „MEER"

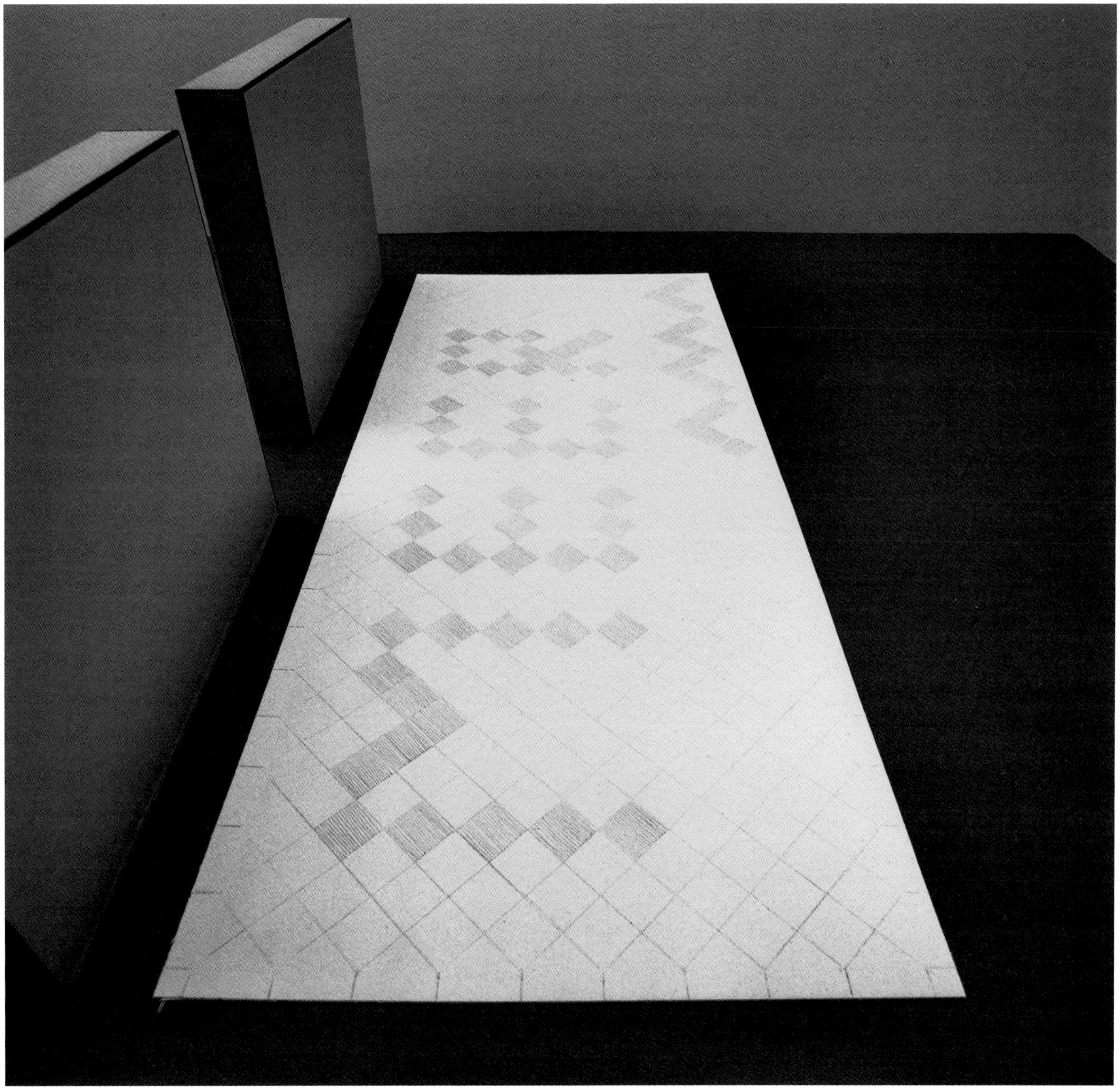

# Temporäre Kunstaktion
# Fahnenprojekt Internationales Donaufest Ulm / Neu-Ulm, 1998

**Nach dem Rottweiler Event von 1997 beteiligt sich Bramke mit einer von ihr gestalteten Fahne auch am Fahnenprojekt des Kunstvereins Neu-Ulm, das anlässlich des 1. Internationalen Donaufests von den Städten Ulm und Neu-Ulm im Juli 1998 veranstaltet wird. Das unter dem Titel „Neue Ufer" stattfindende Fest wird durch 100 Fahnen von Künstlern der zehn Anrainerstaaten der Donau bereichert.**

Bramkes 250 x 80 cm messende Fahne weckt Assoziationen an einen Goldregen. Auch zu diesem Projekt haben sich einige Vorarbeiten auf Papier und Folie in Kleinbildaufnahmen erhalten. Bramke experimentiert mit verschieden dichten Punkten, die sich fast zu einem Punktegeflecht aufweiten. Gold bleibt Hauptakteur in unterschiedlichen Farbnuancen. Sie entscheidet sich gegen mit Taubenblau vermischte Goldtöne und schickt eine mit unterschiedlich großen Goldfunken bemalte Fahne nach Ulm.

**TK 1998.1.1**
Hängende Fahne im Atelier der Künstlerin

**TK 1998.1.2**
Detail der Fahne

# Temporäre Kunstaktion
# Alt-Katholische Gemeinde Bad Säckingen, Beitrag zum Hungertuch, 1998

**1998 beteiligt sich Erdmut Bramke mit einem Sternenblatt (WZ 2, S. 420 r.) am Hungertuch der Allerheiligenkirche im Aufriedhof der Alt-Katholischen Gemeinde Bad Säckingen. Die Arbeiten von 25 Künstlern und Künstlerinnen, alle im Format 65 x 65 cm, wurden zu einem großen Kunstwerk zusammengesetzt. Bramke kannte die Arbeiten der anderen Künstler nicht und hatte auf die Zusammensetzung des Hungertuchs keinen Einfluss.**

**TK 1998.2.1**
Sternenblatt. Acryl und Farbkreide auf Bütten, 65 x 65 cm

# Einhundert Bildtafeln
# Fachhochschule Albstadt-Sigmaringen, Standort Albstadt, Wettbewerbsbeitrag, 2000

**Fachhochschule Albstadt-Sigmaringen, Standort Albstadt, Jakobstraße 6, 72458 Albstadt-Ebingen**

**Im Februar 2000 schreibt der Landesbetrieb Vermögen und Bau Baden-Württemberg, Amt Tübingen, die künstlerische Gestaltung der Flurbereiche und des Treppenhauses des Erweiterungsbaus der Schule mit einem Kostenrahmen von 112 000 DM aus. Erdmut Bramke reicht zwei Bildtafeln und einen Schnitt im Maßstab 1:20 mit aufgeklebten bemalten Leinwandquadraten ein.**

Mit den Wettbewerbsunterlagen ging den Bewerbern Material zur Kunst am Bau für den Neubau der Fachhochschule von 1992, der erweitert werden sollte, zu. Die fünf Interventionen von Norbert Radermacher im Bestandsbau waren samt Erläuterungen abgebildet. Mit ihrer Entwurfsidee zu einer kleinteiligen Gestaltung mit 100 Bildtafeln setzt sich Bramke sehr stark von den großformatigen monothematischen, geschossweisen Arbeiten Radermachers ab. Bramke schreibt in ihrer Erläuterung: „Sichtbeton, Edelstahl, Zinkgitter, Gipskarton, weißer Lack und grauer Boden sind für mich die Materialien, die auf den ersten Blick im schon vollendeten Bauabschnitt der Fachhochschule zu sehen sind. Ihre Ruhe und Nichtfarbigkeit haben mich angeregt, mit meiner künstlerischen Arbeit darauf zu reagieren. Einhundert Bildtafeln werden im Treppenhaus und auf den Flurbereichen rhythmisch angeordnet. Damit antworten sie auf das Thema Bewegung, das sich in einem Treppenhaus natürlicherweise stellt. Durch ihre Beschaffenheit entsteht ein weiterer Dialog: der zwischen Bildtafeln und Beton; so schaffe ich mit meiner Arbeit einen neuen atmosphärischen Raum."

Die nüchterne, sehr farbreduzierte, laut Bramke „Nichtfarbigkeit" der Architektur reizt sie dazu, ein anderes Raumerlebnis zu schaffen. Die 100 Bildtafeln sind in Serien den verschiedenen Farbfamilien zugeordnet. Alle sind vielfarbig, gehören jedoch eindeutig zum Farbspektrum Rot, Grünblau und Gelb. Die beiden Probetafeln zeigen dynamisch wabernde Tiefenräume, die Bramke durch vielfache, ineinanderfließende Farblasuren und Überlagerungen erzeugt. In diesen kinetischen Tiefenraum setzt sie klar konturierte Farbinseln, die durch wieder entfernte Überklebungen tieferer Farbschichten entstehen. Jede Bildtafel eröffnet einen anderen Raum, steht für sich und fordert zur intensiven Betrachtung heraus. Im Aufriss des Gebäudes wird die Verteilung durch die aufgeklebten Leinwandstücke klar. Die Quadrate werden bis ans obere Ende der Treppenwände unregelmäßig verteilt. In den Fluren kommt es dagegen zu regelmäßigen, linearen Hängungen in Augenhöhe mit klarem Farbverlauf. Im unteren Bereich des Treppenaufgangs dominiert Rot, darüber Grüntürkis und im oberen Bereich Gelb. Auch in diesem Entwurf zeigt sich das „System Bramke": Serie, Variation und Farbe als Hauptakteur.

**2000.1**
Gesamtplan des Treppenhauses mit eingeklebten bemalten Leinwandquadraten

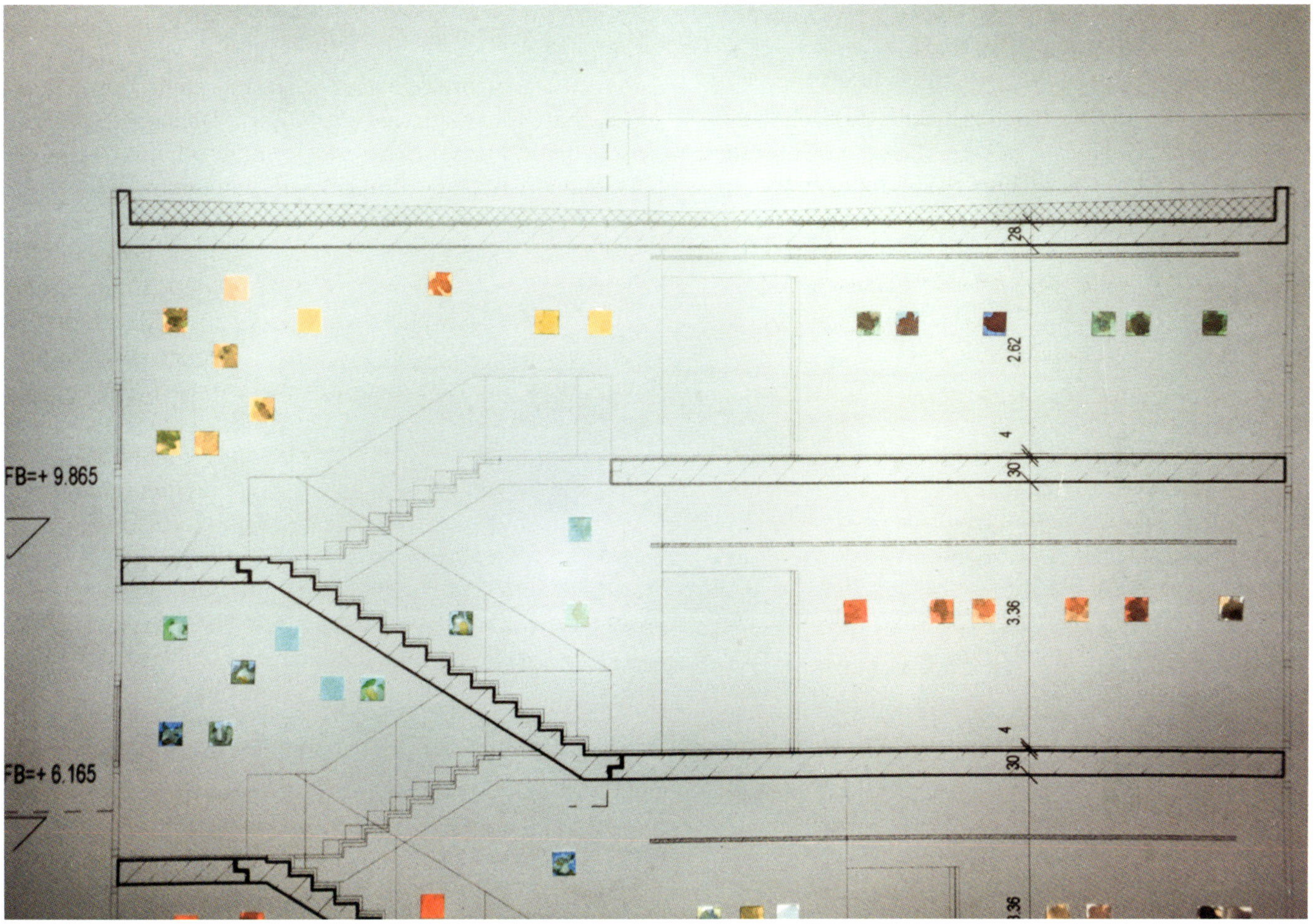

**2000.2**
Photographie der eingereichten, nicht auffindbaren Arbeit.
Acryl auf Leinwand mit roten Farbakzenten, 30 x 30 cm

**2000.3**
Photographie der eingereichten, nicht auffindbaren Arbeit.
Acryl auf Leinwand mit blauen Farbakzenten, 30 x 30 cm

# Farbblicke
# Freihandmagazin der Universitätsbibliothek Tübingen, realisiert 2000–02

**Universitätsbibliothek, Ammerbau, mit Zugang über das Hauptgebäude Wilhelmstraße 32, 72074 Tübingen**

**Das Erweiterungsgebäude der Tübinger Universitätsbibliothek wird in den Jahren 1999 bis 2002 vom Landesbetrieb Vermögen und Bau Baden-Württemberg, Amt Tübingen, realisiert. Das gleiche Amt verantwortete auch den Kunst-am-Bau-Wettbewerb zur Gestaltung der drei Geschosse hohen Betonwand des Freihandmagazins. Der zweite Teil des Wettbewerbs gilt der Verbindungsbrücke zur Ammer. Eingeladen zum einstufigen, beschränkten Realisierungswettbewerb im Mai 2000 sind neun renommierte Künstler. Das Wettbewerbshonorar beträgt 5000 DM. Bramke realisiert 2001 mit Hilfe einer Fremdfirma zwölf monochrome, 230 x 540 cm große Wandbilder in Acryl über Latexgrundierung auf Beton. Das Ausführungshonorar inklusive Fremdarbeiten ist auf 198 200 DM festgesetzt. Die feierliche Abnahme findet am 10. Januar 2002 statt.**

Erdmut Bramke muss der Auftrag zu ihrer letzten Kunst-am-Bau-Arbeit mit großer Freude und Genugtuung erfüllt haben, denn sie hatte sich als einzige eingeladene Künstlerin gegen sechs hochgeschätzte Künstlerkollegen durchgesetzt. Sie stellt, wie die drei Professoren Paul Uwe Dreyer, Norbert Radermacher und Günther Uecker, ihre Projektidee der Kunstkommission am 5. Oktober 2000 vor. Daniel Buren, Maurizio Nannucci und Klaus Rinke hatten um Einzeltermine gebeten, von Dani Karavan und François Morellet gehen keine Beiträge ein. Bramke konnte mit ihrer sehr knappen und eindringlichen Entwurfsidee die Jury für sich gewinnen, die in der Wettbewerbsaufgabe ihre Wünsche so formulierte: „Dieser Kunstraum sollte in erster Linie Erschließungszone sein, gleichzeitig aber auch Orientierungs-, Integrations- als auch Erlebnisraum sein. Seine Funktion als Silentiumsraum sollte dabei gewahrt bleiben." Die Anforderung, Erlebnis und Ruhe zu vereinbaren, war hier die Herausforderung.

Bramkes Entwurfsidee *Farbblicke* ist zweigeteilt, geht sowohl auf das Thema Farbe als auch auf Wahrnehmungsphänomene ein. „12 Farbfelder werden auf grauem Sichtbeton aufgetragen. Die Farbauswahl reicht von einem klaren Weiß über gelbe, rote und grüne Pastelltöne zu einem kräftigen Blau." Im Werk der Künstlerin sind dies ungewohnt knappe Angaben zur Farbgebung, der Fokus liegt bei dieser Arbeit mehr auf der Seherfahrung. Die Betrachtenden sollen sich auf das Erlebnis des aktiven Sehens einlassen, sie sollen genau hinsehen, wahrnehmen und den Raum, sei es im raschen Vorbeigehen oder in Augenblicken der Ruhe, wie es nur im transitorischen Bereich einer Bibliothek möglich ist, erfahren. Weiter schreibt Bramke: „Mit diesen Farbflächen entstehen imaginäre Räume, die teilweise aus der Wand heraustreten und wieder zurückweichen. Zusätzlich werden die gleichmäßig gesetzten Farbraster durch kleine graue Fenster aufgebrochen. So entstehen zwei Rhythmen auf und mit dem Beton, passiv und aktiv: einmal trägt er die Farbflächen, dann wieder belebt und rhythmisiert er jedes Farbfeld."

Zahlreiche Farbstudien, Farbkartonvarianten und Modelle zeigen auch hier die für Bramke typischen akribischen Vorarbeiten. Auf zwölf grau grundierten, großen Papierbahnen lässt sie eine immer gleiche Anzahl von Streifen herabfallen. Dort, wo sie im freien Fall zufällig landen, werden sie fixiert und erzeugen das Verteilungsmuster der Betondurchblicke in den monochromen Farbflächen der Wandfelder. In diesem entscheidenden Moment der Planung überlässt Bramke dem Zufall die Regie, kein Muster ist erkennbar, Ansammlungen von Betondurchblicken lassen immer neue Bilder entstehen. Felix Reuße schreibt: „... der subjektive Duktus der Hand [wird] zurückgenommen, das Gestische, nur mehr in der Verteilung der Papiere und den gerissenen Konturen subkutan spürbar, erscheint neutralisiert, von jeder psychischen Befindlichkeit geläutert." (Reuße 2002.)

Bevor es an die Umsetzung geht, werden verschiedene Strukturproben, der Einsatz von Farbauftrag per Rolle, Spritze oder Pinsel erprobt. Die Entwürfe werden eingescannt und elektronisch auf das Originalmaß gebracht, die Konturen der Auslassungen mit den Einstichen eines spitzen Griffels markiert und im Anschluss mit Kohlestaub an die Wand gepaust. Die dadurch markierten Flächen werden mit Kreppband überklebt, so vom anschließenden Farbauftrag ausgespart, um die betonsichtigen Strukturen zu erzeugen. Beim Abreißen der Klebebänder ergeben sich neue Probleme, es entstehen störende weiße Ränder. Aber auch dafür findet sich eine Lösung, und die „weißen Flitzer – könnten durch Einfärben des Latexgrundes gemildert werden". (Handschriftliche Notiz Bramkes vom 7.1.2000.) Die Malerwerkstätten Heinrich Schmid GmbH & Co. in Ludwigsburg realisieren auf der vorbereiteten Wand die zwölf großen Farbflächen von 400 qm nach den Plänen der Künstlerin.

Bramke entscheidet sich für den Einsatz von Pinseln, um den Charakter der unverkleideten Architektur zu unterstreichen. Damit steht sie in Einklang mit den Architekten des Hochbauamts, die den Bau in der Ausschreibung zum Kunstbeitrag wie folgt beschreiben: „Die Innenfassaden sind im Gegensatz zu außen nicht verkleidet. Sie stellen sich als roh belassene graue Betonkonstruktion dar mit den typischen Fehlstellen des Schüttbetons (Nestern, Wolken, Rost ...). Hier wird der Charakter des industrieartigen Gebäudetyps besonders deutlich, nicht zuletzt unterstrichen durch die offene, sichtbare Installation aller Technikleitungen und Rohre an der Wand." Die industriell gefertigte Architektur wird durch den farbigen Anstrich lebendig und bekommt gerade durch ihre Unebenheiten ein individuelles Erscheinungsbild. Am besten funktioniert dies bei der Nichtfarbe Weiß. Die großen Farbfelder werden auch durch die Unebenheiten des Untergrunds zu lebhaften Bildern. Der Farbauftrag erweckt die Wand praktisch zum Leben. Spannung entsteht durch Beton als Trägermaterial und seinem gleichzeitigen Auftreten als Bildelement. Die Farbe des Betons innerhalb der Aussparungen nimmt durch die Wirkung des Simultankontrasts zur Umgebungsfarbe eine komplementäre Tönung an. Die kleinen Rechtecke erscheinen so entweder als vor der farbigen Fläche oder als dahinter liegend. Faszinierend ist, wie ein kräftiges Rot auf Grün im Erdgeschoss trifft, das klare Weiß an Blau stößt, oder im oberen lichteren Teil sich Gelb und Rot begegnen. Das Ergebnis ist eine lebendige, schöne Wand.

Zwischen der ersten großen ausgeführten Kunst-am-Bau-Arbeit für die Universität Konstanz von 1974 bis 1976 zu Beginn ihrer Karriere und der Arbeit für die Universitätsbibliothek Tübingen am Lebensende zeigen sich Konstanten im „System Bramke". Zugleich zeigt der Vergleich auch die Entwicklung von der sich in den Anfangsjahren der Architektur unterordnenden zu der sich in Tübingen in großer Geste mitgestaltenden Künstlerin.

Um die Jahreswende 2001/02 wird die offizielle Übergabe der Arbeit mit der Künstlerin gefeiert. Noch im November des gleichen Jahres stirbt Erdmut Bramke.

**2000–02.1**
Gebäudeaufriss mit Farbfeldern, 115 x 29 cm

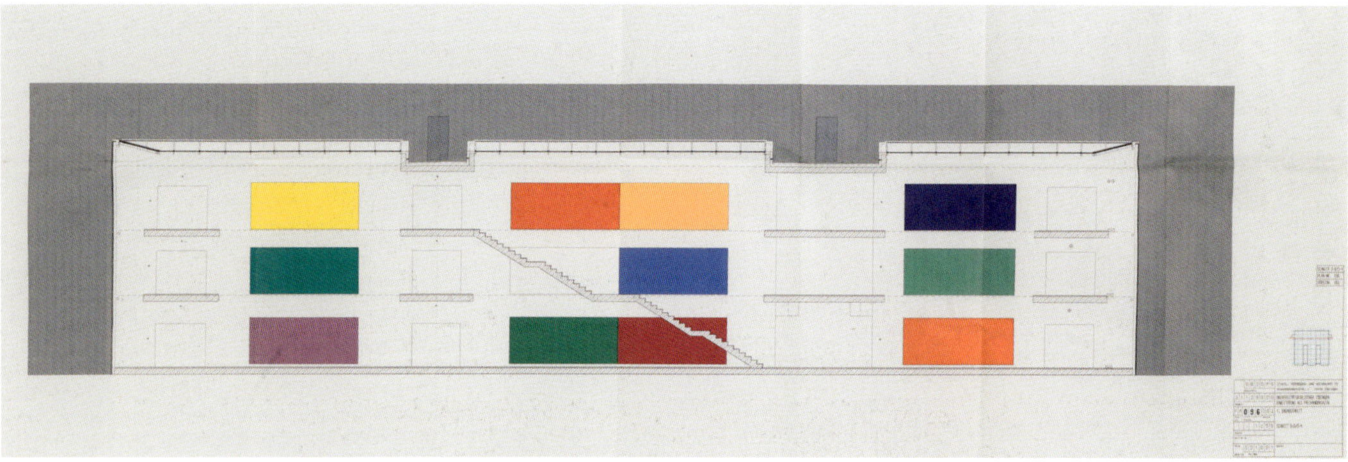

**2000–02.2**
Modell für den Gesamtentwurf

**2000–02.3**
Vorbereitung im Stuttgarter Atelier

**2000–02.4**
Ausgeführte Arbeit über drei Geschosse für das Freihandmagazin

**2000-02.5**
Farbfeld in Orange und Gelb

**2000–02.6**
Farbfeld in Rot und Grün

**2000–02.7**
Farbfeld in Grün und Rosa

**2000–02.8**
Bramke vor ihrem Werk im Januar 2002

# Gespachtelte Strukturen
# Fakultät Informatik und Elektrotechnik der Universität Stuttgart, Wettbewerbsbeitrag, 2002

Fakultät Informatik und Elektrotechnik der Universität Stuttgart, Universitätsstraße 38, 70569 Stuttgart-Vaihingen

**Zur künstlerischen Farbgestaltung des Neubaus lobt das Universitätsbauamt Stuttgart und Hohenheim, zusammen mit dem Landesbetrieb Vermögen und Bau Baden-Württemberg, einen beschränkten, mit 2000 € honorierten Wettbewerb aus. Eingeladen werden Erdmut Bramke, Rolf-Gunter Dienst, Harald F. Müller, Remy Zaugg (keine Einreichung) und Thomas Ruppel. Erdmut Bramke reicht Pläne und Arbeitsproben im Frühjahr 2002 ein. Die Realisierung gewann Harald F. Müller mit einem Ausführungsbudget von 160 000 €.**

Die Kunstkommission der Oberfinanzdirektion hatte sich in ihrer Sitzung vom 5. März 2002 für den Wettbewerb auf großflächige monochrome Malerei vorwiegend im Erdgeschoss festgelegt. Die Obergeschosse sollten ebenso farblich gestaltet werden, in ihrer Bedeutung aber etwas zurückgenommen werden. Aus dem Erläuterungsbericht von Erdmut Bramke zitiert das Protokoll der Sitzung der Kunstkommission vom 10. Oktober 2002: „Farbige Strukturflächen sind für die vier Treppenhäuser geplant. Die Anordnung der Farbfelder in den Fluren und im Senatssaal sind noch nicht festgelegt." Für Bramkes Wettbewerbsbeteiligung war das eine ungewöhnlich unfertige Einreichung. War doch die Farbgestaltung der Flure Hauptgegenstand der Ausschreibung. Der Erläuterungsbericht wie auch die Ideenskizze, die vielleicht noch mehr Informationen enthalten hätte, sind nicht mehr auffindbar. Im Atelier haben sich aber acht Arbeitsproben im Maßstab 1:1 erhalten.

Auf weiß grundierten quadratischen Sperrholzplatten sind große Farbfelder in gespachtelte Strukturen in unterschiedlich tiefem Gipsputz aufgebracht. Je zwei gleichfarbige monochrome Platten mit gesprühtem Farbauftrag sind in den vier ausgewählten Farben gelb, orange, türkis und lindgrün bearbeitet. Jedes Treppenhaus sollte seine eigene charakteristische Farbe erhalten und eine andere Putzart. Zur Einreichung wählte sie jeweils eine von den zwei gleichfarbigen monochromen Platten aus.

**2002.1, 2002.2, 2002.3, 2002.4**
Farb- und Putzproben für die Treppenhäuser der Fakultät Informatik und Elektrotechnik, jeweils 48 x 48 cm

Erdmut Bramke vor dem Neuen Schloß in Stuttgart gemeinsam mit Christian Franke, 1998

# Literatur

Wenn nicht anders angegeben, befinden sich alle abgebildeten Werke im Nachlass Erdmut Bramkes.

Verweise auf das *Werkverzeichnis Erdmut Bramke* (*Bd. 1: Gemälde 1964–2002, Bd. 2: Arbeiten auf Papier 1961–2002*) werden außerhalb des Literaturverzeichnisses abgekürzt als *WZ 1* oder *WZ 2*.


**Architekturführer Böblingen.** *Architektur im Landkreis Böblingen 1900–2005*, Böblingen 2005.

**Bau + Kunst – Uni Konstanz,** Ausstellungskatalog, Kunstverein Freiburg 1978.

**Bredekamp, Horst:** „Die Kunst am Bau: Die Form der Selbstaufhebung", in: *70 Jahre Kunst am Bau in Deutschland*, München 2020, S. 10–19.

**Buether, Axel, und Gabriele Woebker:** *Farbe und Gesundheit: Beurteilung der psychologischen und medizinischen Wirkungen der Umweltfaktoren Farbe und Licht auf Patienten und Personal im Bereich Intensivmedizin*, Wuppertal 2020.

**Bundesamt für Bauwesen und Raumordnung,** 2022: https://www.bbr.bund.de/BBR/DE/KunstamBau/kunstambau_node.html.

**Bundesministerium des Innern für Bau und Heimat (BMI), Bundesamt für Bauwesen und Raumordnung, et al.:** *70 Jahre Kunst am Bau in Deutschland*, München 2020.

**Bundesministerium für Raumordnung, Bauwesen und Städtebau (Hrsg.) mit Wolfgang Leuschner:** *Bauten des Bundes. 1965–1980*, Karlsruhe 1980.

**Bundesministerium für Raumordnung, Bauwesen und Städtebau (Hrsg.) mit Horst Rave:** *Bau Kunst Verwaltung. Dokumentation Ergänzungsfonds des Bundes 1977–1984*, Karlsruhe 1984.

**Bundesministerium für Verkehr, Bau und Stadtentwicklung (BMVBS) (Hrsg.):** Dokumentation von 50 Kunst-am-Bau-Werken. BMVBS-Online-Publikation 05/2013, S. 55 f.

**Bundesministerium für Verkehr, Bau und Stadtentwicklung (Hrsg.) mit Anne Schmedding und Constanze von Marlin:** *Kurzdokumentation von 200 Kunst-am-Bau-Werken im Auftrag des Bundes seit 1950.* BMVBS-Online-Publikation, 25/2012.

**Craig, Stephen:** „Kunst im öffentlichen Raum, wie öffentlich ist der öffentliche Raum? Der öffentliche Raum befindet sich überwiegend im Privatbesitz", in: Florian Matzner (Hrsg.), *Public Art. Kunst im öffentlichen Raum*, Ostfildern-Ruit 2001, S. 129 f.

**Dienst, Rolf-Gunter:** *Deutsche Kunst. Eine neue Generation*, Köln 1970, S. 30 f.

**Dittmann, Marlen:** „Architektur und Kunst – Architektur als Kunst. Bau und Kunst am Bau an ausgewählten Beispielen in Baden-Württemberg", in: *Kunst an staatlichen Bauten in Baden-Württemberg 1980–1995*, Ostfildern-Ruit 1995, S. 11–27.

**Dühr, Elisabeth:** *Kunst am Bau – Kunst im öffentlichen Raum. Geschichte und Entwicklung öffentlicher Kunst im Spannungsfeld von Architektur, Städtebau und Kulturpolitik in der Bundesrepublik Deutschland*, Frankfurt am Main und Bern 1991.

**Finanzministerium Baden-Württemberg (Hrsg.):** *Bausteine; Geschichte erhalten – Zukunft gestalten. 50 Jahre Staatliche Vermögens- und Hochbauverwaltung Baden-Württemberg*, Ulm 2002, S. 60.

**Freunde der Staatsgalerie Stuttgart e. V. (Hrsg.) mit Ulrike Gauß, Susanne Grötz und Jörg Carolin:** *Erdmut Bramke – Werkverzeichnis. Bd. 1: Gemälde 1964–2002, Bd. 2: Arbeiten auf Papier 1961–2002*, Stuttgart und Fellbach 2016.

**Gauß, Ulrike:** „Zur Malerei von Erdmut Bramke", in: *Erdmut Bramke. Malerei 1971–1985*, Ausstellungskatalog der Galerie der Stadt Esslingen und der Städtischen Kunsthalle Mannheim, Ditzingen-Heimerdingen 1985, S. 14 f.

**Grüner, Isabel:** *14 x Kunst am Bau, Realisierte Projekte 2004–2006*, Ausstellungsbroschüre, Stuttgart 2006.

**Herlin, Sunke, Hans Manske und Michael Weisser (Hrsg.):** *Kunst im Stadtbild: Von „Kunst am Bau" zu „Kunst im öffentlichen Raum"*, Ausstellungskatalog, Universität Bremen 1976.

**Kachelries, Andrea:** „Ruhige Atmosphäre. Kunst im neuen Mineralbad Cannstatt", *Stuttgarter Nachrichten*, 12.08.1994, und *Stuttgarter Zeitung*, 12.08.1994.

**Kieser, Clemens:** „Harvard am Bodensee – Die Universität Konstanz als gebaute Utopie", *Denkmalpflege in BW*, 4/2014.

**Lüscher, Kurt, und Felix Thürlemann (Hrsg.):** *Die Kunst am Bau der Universität Konstanz*, Konstanz 1999.

**Matzner, Florian (Hrsg.):** *Public Art. Kunst im öffentlichen Raum*, Ostfildern-Ruit 2001.

**Mertens, Melanie:** „CALL FOR PAPERS Kunst am Bau", *Die Denkmalpflege*, 1/2023.

**Mönninger, Michael:** „Ohne Kunst am Bau", *FAZ*, 20.12.1993.

**Philipp, Klaus Jan:** *Architektur/Skulptur. Die Geschichte einer fruchtbaren Beziehung*, München 2002.

**Potrc, Marjetica,** in: Matzner, Florian (Hrsg.): *Public Art. Kunst im öffentlichen Raum*, Ostfildern-Ruit 2001, S. 23–30.

**Reuße, Felix:** *Erweiterungsbau der Universitätsbibliothek Tübingen*, Stuttgart 2002.

**Reuße, Felix:** *Kunst in den Fluren des Pallas*, Ostfildern-Ruit 1999, o. S.

**Reuße, Felix:** „Kunst im Ammerbau", in: Finanzministerium Baden-Württemberg (Hrsg.): *Ammerbau der Universitätsbibliothek Tübingen. Projekt der staatlichen Hochbauverwaltung*, Stuttgart 2002, S. 52–55.

**Robert-Bosch-Krankenhaus Stuttgart (Hrsg.) mit Isabel Grüner:** *Healing Art. Wie Kunst im Krankenhaus Heilung fördert*, Stuttgart 2019.

**Ruhnau, Werner, und Ludwig Baum (Hrsg.):** *Baukunst – Yves Klein, Robert Adams, Paul Dierkes, Norbert Kricke, Jean Tinguely – Das Gelsenkirchener Theater*, Gelsenkirchen 1992.

**Schrader, Insa:** https://www.insaschrader.com/projekte/buchrezension-healing-art-wie-kunst-im-krankenhaus-heilung-frdert-537ew, 13.1.2020.

**Schwanke, Hans-Peter:** „Kunst am Bau und Politik", in: Matzner, Florian (Hrsg.): *Public Art. Kunst im öffentlichen Raum*, Ostfildern-Ruit 2001, S.199–209.

**Seyffer-Schmid, Brigitte:** „Rund um das Kunstquadrat (Böblingen)“, in: *Kunst an staatlichen Bauten in Baden-Württemberg 1980–1995*, Ostfildern-Ruit 1995, S.73 f.

**Spranger, Ulrike:** *„Leichtigkeit statt Pathos“*, in: *Kunst an Staatlichen Bauten in Baden-Württemberg 1980–1995*, Ostfildern-Ruit 1995, S. 88–90.

**Stadt Freiburg, Stadtplanungsamt (Hrsg.):** *Städtebaulicher und Landschaftsplanerischer Ideenwettbewerb Rieselfeld. Dokumentation der Wettbewerbsergebnisse*, Freiburg 1995.

**Stadt Rottweil (Hrsg.):** *170 Künstler machen Fahnen für Rottweil. Stadtfest Rottweil 74/13–16 September*, Rottweil 1974.

**Teuber, Dirk:** „Ein Plädoyer für Kunst am Bau, die Polizei und die Kunst“, in: *Kunst an staatlichen Bauten in Baden-Württemberg 1980–1995*, Ostfildern-Ruit 1995, S. 45.

**Ullrich, Wolfram:** „Außen hui, innen unauffällig. Ansprüche an die Kunst im öffentlichen Raum“, in: Matzner, Florian (Hrsg.): *Public Art. Kunst im öffentlichen Raum*, Ostfildern-Ruit 2001, S. 619–623.

**Universität Konstanz (Hrsg.) mit Constanze von Marlin und Anne Schmedding:** *Gebaute Reform. Architektur und Kunst am Bau der Universität Konstanz*, München 2016, S. 154 f.

**Wiertlewski, Carsten:** *Beck-Erlang. Das Werk des Architekten Wilfried Max Beck*, Karlsruhe 2012.

**Wilhemus, Liane:** „Gegen den Farbverlust in unseren Städten. Georg Meistermanns keramische Wandgestaltungen in Karlsruhe und Mannheim“, *Denkmalpflege in Baden-Württemberg*, 2/2022, S. 98–102.

**Württembergischer Kunstverein und Tilman Osterwold (Hrsg.):** *Erdmut Bramke*, Ausstellungskatalog, Stuttgart 1990.

**Zigan, Franz:** *Das Kulturdenkmal Universität Konstanz mit Kunst am Bau – Gesamtkunstwerk oder Denkmal der Postmoderne?*, https://www.lkm.uni-konstanz.de/otg/projekte/03.

# Abbildungsnachweis

Atelier Bramke 2, 18, 40, 41, 43, 45, 92–95, 99, 105, 110, 111, 115, 116, 121, 124
Susanne Grötz 15, 27, 38, 39, 43, 58, 67
Nico Heinrich 29, 80–83, 117–120
Ursula Pankau 19
Klaus Jan Philipp 30, 31, 66
Gabriel Philipp 38, 39
Inka Reiter 25
Uwe Seyl 59
Stadtplanungsamt Freiburg 101
Reinhard Truckenmüller 20, 21, 22, 23, 24, 33–37, 47–51, 53–55, 57, 63–65, 71–73, 75–77, 79, 85–87, 89–91, 97, 98, 102, 103, 107, 109, 114, 123
Peter Walser 10
Valentin Wormbs 60, 61, 68, 69